haircuts
hot towel
wet shaves
face buffs
Peter Joannou
male grooming

CORSO

Thrifty

Luise Berg-Ehlers

Mörderisches England

Eine Reise zu den Schauplätzen literarischer Verbrechen von Conan Doyle bis J. K. Rowling

CORSO

Einleitung

»England mag nicht das bedeutendste Land der Welt sein mit den edelsten Männern, den herrlichsten Frauen und mit der schönsten Landschaft, doch ist es – mit all seinen Fehlern – ein so angenehmes Land, dass ein Mensch, der in England nicht glücklich ist, kaum anderswo glücklich sein kann.« Dies schrieb Thomas Burke 1933 in seinem Buch *The Beauty of England*, das in der Tradition zahlreicher ähnlicher Publikationen steht, die England, seine Kultur, Historie und auch Landschaften feiern. Ganz England also ein Land der Glücksgefühle und der schönen Idylle? Nein – nur jenes, das nicht als gefährliches Territorium in Detektiv- und Kriminalromanen beschrieben wird. Diese Bücher zeigen ein gewalttätiges, ein mörderisches England, das man in normalen Reiseführern natürlich nicht entdecken kann, weshalb für den Guide zu literarischen Tatorten im vorliegenden Buch eine spezielle Landkarte entworfen wurde.

Eine »literarische Landkarte« gibt es bereits für mehrere englische Autorinnen und Autoren. So findet man auf jener zum Beispiel den Lake District von William Wordsworth, das westliche Yorkshire der Schwestern Brontë, das London von Virginia Woolf oder das Cornwall von Daphne du Maurier. Doch für eine der meistgelesenen Literaturgattungen fehlt eine derartige Karte, die einen neuen Blick auf England und dessen Literatur ermöglichen würde. Kriminal- beziehungsweise Detektivromane gehören zu den besonders gern und besonders häufig gelesenen literarischen Texten, und das gilt in einem nicht geringen Maße für englische Krimis. Nicht ohne Grund fallen bei der Frage nach berühmten Detektiven zuerst die Namen englischer Kriminalisten ein – von Sherlock Holmes über Miss Marple, Hercule Poirot und Lord Peter Wimsey bis Inspector Barnaby und Vera Stanhope. Diese sind – meistens jedenfalls – in bestimmten Gegenden von England tätig. Und deshalb will dieses Buch eine andere Art von Reiseführer bieten und eine Landkarte der Literatur erstellen, die den Leserinnen und Lesern von *Crime Novels* neue Wege über die Insel weist, aber dabei touristische Pfade nicht auslässt.

Für das Publikum von »Krimis« eröffnet die Literaturgeographie eine interessante Perspektive, denn für viele Romane dieses Genres ist der Ort der Handlung, die erweiterte *scene of crime*, ein wichtiger, zuweilen sogar der wichtigste Aspekt des Geschehens. Die gesamte Szenerie kann den intensiven Eindruck schaffen oder verstärken, den das erzählte Verbrechen hinterlässt. Die dunklen Straßen der Großstadt, der einsame Strand, der düstere Wald scheinen die idealen Orte für mörderische Aktivitäten zu sein. Aber noch stärker ist die Empfindung, wenn das Verbrechen in die Idylle eines Dorfes, in die Vornehmheit eines Herrenhauses oder in den geweihten Raum einer Kirche eindringt. Für etliche Verbrechen (und ihre Aufklärung) gilt geradezu ein in-

tensiver Zusammenhang von Zeit und Ort – manche Morde können einfach nur dort geschehen, wo der Autor beziehungsweise die Autorin sie geschehen lässt.

Seinerzeit erläuterte P. D. James – die verstorbene Doyenne der britischen Kriminalliteratur – in einem Interview, was bei ihr zuerst komme, wenn sie einen Kriminalroman schreibe: Das Wichtigste sei der »Geist eines Schauplatzes«, auf den sie besonders stark reagiere. Und ähnlich geht es sehr häufig den Leserinnen und Lesern von englischen Kriminalromanen, die während der Lektüre nicht nur Spannung und die Begegnung mit verdächtigen Personen erleben möchten, sondern deren Interesse auch einer literarischen Exkursion über die britische Insel gilt. Und für eine solche Tour möchte das vorliegende Buch eine Handreichung bieten. Im Lehnsessel sitzend reist man dann beim Lesen an die stürmische Küste Norfolks, in die idyllischen Cotswolds, ins unheimliche Dartmoor, in die Metropole London, in die Universitätsstädte Oxford und Cambridge, nach Yorkshire und Cornwall. Jene Reisenden sind auf der Suche nach dem friedvollen Landleben in blumenumwachsenen Cottages, nach dem aufregend modernen, multikulturellen Ambiente einer Großstadt, nach der kommunikativen *High Street* einer Kleinstadt, nach wilden Mooren und gefährlichen Küsten. Und dabei ist der jeweilige kulturgeschichtliche Kontext angemessen zu berücksichtigen. Doch nicht nur bei der Lektüre, sondern auch bei der Unternehmung selbst möchte dieses Buch Anregungen liefern für Besichtigungen unterschiedlicher Art. Als Reisender auf der britischen Insel kann man so gewissermaßen eine »Geographie des literarischen Verbrechens« erkunden. Und zu den Gegenden, die durchmessen werden, gehören natürlich nicht nur die jeweilige Realität der Landschaften und Städte, sondern auch deren Atmosphäre, Geschichte und im weitesten Sinne deren Kultur von Gartenbau bis Kulinarik.

Landkarten der Literatur, auch und gerade solche der Krimi-Literatur, zeigen zum einen real existierende Städte, Dörfer und Landschaften mit bekannten Straßen, Gebäuden und Sehenswürdigkeiten. Zum anderen finden sich Orte, die fiktive Welten sind, aber, wie Umberto Eco es formuliert, »Parasiten der wirklichen Welt«, die sich geographische, aber auch soziale und kulturelle Merkmale der realen Welt ausleihen. Zumeist werden tatsächliche Orte im

Prozess des Schreibens »re-modelliert« und bleiben erkennbar. Eine »literarische Geographie«, die dieser Band beschreiben will, liefert Anregungen für Reisen auf den Spuren von Autoren und deren Werken. Dabei hat sie natürlich die zeitliche Dimension zu beachten, denn das London von Conan Doyles *Sherlock Holmes* ist kaum noch das von P. D. James' *Adam Dalgliesh*. Weniger schwierig dürfte ein Gang durch Oxford sein, bei dem man sowohl Dorothy Sayers' *Lord Peter Wimsey* wie auch Colin Dexters *Inspektor Morse* folgen kann. Kaum Probleme macht ein Streifzug durch die Dörfer im Süden der Insel, wo die ältere Lady im Blumengarten Assoziationen an Agatha Christies *Miss Marple* weckt.

Die in mehreren Etappen verlaufende Reiseroute dieses Bandes nimmt ihren Ausgang in London, wobei allein die in der Hauptstadt spielenden Romane schon fast ein eigenes Genre darstellen, da die Nähe

Blick vom Londoner Südufer der Themse auf *Blackfriars* und die City

zur Politik und zu Scotland Yard spezielle Themen entwickelte. Von der Metropole geht es in den Norden – zuerst in den Lake District, dessen touristische Attraktivität kontrastiert wird mit kriminellen Untaten. Anschließend kommt man nach Newcastle und in die Grafschaft Northumberland, deren raueres Erscheinungsbild sich in den Krimis widerspiegelt. Weiter geht es in die Kathedralstadt Durham und nach Yorkshire – zuerst in den »Dracula-Ort« Whitby an der Küste, dann über das Moor in die Kathedralstadt York, deren besondere geistliche Vergangenheit sie nicht vor verbrecherischen Aktivitäten schützt. Weiter im Süden besucht man einige Küstenorte in East Anglia und erfährt, wie gefährlich das Strandleben sein kann. Besonders mörderisch ist dieses in Sussex – sowohl in Eastbourne wie in Brighton, wenngleich man sich dort eigentlich regenerieren möchte. Auch in Devon sollte es

Die traditionelle blaue Lampe (1861 eingeführt) an einem Londoner Polizeirevier erholsam sein – sei es in Torquay oder auf Burgh Island, doch selbst dort ist das Verbrechen nicht fern. Und in der »Touristenhochburg« Cornwall gibt es leider ebenfalls viele mörderische Untaten. Wenn man dann in *The Heart of England*, in die Cotswolds und zu Inspector Barnaby weiterreist, muss man bedauernd feststellen, dass selbst in der ländlichen Idylle gemordet wird und zwar in erschreckendem Ausmaße.

Der »Krimi-Tourist« hat für etliche Orte und Landschaften neben den Büchern noch eine andere Hilfe, wenn er sich auf den Weg machen will. Die Romane einiger Autorinnen und Autoren sind inzwischen für TV-Serien aufbereitet worden, woraus sich allerdings für die Leserinnen und Leser die Schwierigkeit ergibt, die eigene Imagination bei der Lektüre mit der Darstellung im Film in Übereinstimmung zu bringen. Nicht immer nämlich entsprechen die *locations* der TV-Serien denen im Buch, weshalb hier gesondert recherchiert werden musste. Am Anfang einer Reise durch das »mörderische England« aber steht das Buch, sei es in der gedruckten oder digitalen Ausgabe gelesen. Wenn man die Unmengen an englischen Krimis überblickt, die seit Ende des 19. Jahrhunderts erschienen sind, muss ausgewählt werden, und die Zusammenstellung geschieht nach regionalen Kriterien, um Reiserouten sinnvoll zusammenzustellen. Obendrein lassen sich hierbei Autorinnen und Autoren entdecken, die in Deutschland noch wenig bekannt, deren Bücher aber durchaus unterhaltsam sind.

Ähnlich wie in Deutschland gibt es auf der Insel ebenfalls sogenannte »Regionalkrimis«. Diese haben häufig eine Gemeinsamkeit: Sie spielen in solchen Gegenden, die auch für Reisende besonders attraktiv sind. Dies gilt beispielsweise für Cornwall, den Lake District oder die Cotswolds, und so tritt eine Art Wechselwirkung ein zwischen Literatur und Tourismus. Durch diese Verbindung gibt es gewissermaßen literarische »Krimi-Hotspots«, die sich natürlich nicht in der tatsächlichen Kriminalstatistik widerspiegeln. Andernfalls würden Tourismusunternehmen sicherlich die Autoren bitten, nur noch fiktive *locations* zu beschreiben, da die »literarische Realität« ängstliche Gemüter von Reisen abhalten könnte! Doch dieses Buch soll im Gegenteil zu Reisen nach England anregen – und das trotz oder gerade wegen des Brexit.

Hauptstadt des Verbrechens

London

Je nach Besucherperspektive hat London viele unterschiedliche Zentren. Wer chinesische Kulinarik schätzt, geht nach Soho (der Liebhaber spezieller Nachtclubs ebenfalls); wer Fußballfan ist, wandert zum Arsenal Stadion in Holloway, einem nördlichen Stadtteil, sofern er nicht Anhänger von Chelsea, Tottenham oder Crystal Palace ist und daher andere Stadtteile aufsucht. Den Theaterenthusiasten zieht es in die Gegend um die Shaftesbury Avenue mit ihren vielen Bühnen, der Royalist strebt zum Buckingham Palace, und so ließen sich noch viele andere Gegenden Londons nennen, die ein jeweils interessiertes Publikum anziehen. Für diejenigen jedoch, deren Wissbegierde dem Verbrechen und dessen Aufklärung gilt, gibt es nur einen zentralen Ort in der Metropole, zu dem sie gehen sollten: Victoria Embankment, Westminster, London SW1A 2JL. An dieser Adresse hat die *Metropolitan Police* – besser bekannt als *Scotland Yard* – ihr Hauptquartier. Kaum eine Polizeibehörde dürfte so berühmt sein wie jene, und kaum eine dürfte in derart vielen Kriminalromanen eine Hauptrolle spielen – genauer gesagt: ihre Detektive und Detektivinnen.

Ende des 18. und zu Beginn des 19. Jahrhunderts nahm die Zahl der Verbrechen in London zu, was häufig weniger der sinkenden Moral, als der wachsenden Armut geschuldet war. Die Aufklärung der Delikte jedoch stagnierte, also musste die Politik handeln. Und so gründete 1829 der damalige Innenminister Sir Robert Peel die *Metropolitan Police*, im Volksmund zu »*Met*« verkürzt. Bald waren die – nach ihrem Schöpfer »Bobbies« genannten – uniformierten Polizisten aus dem Londoner Stadtbild nicht mehr wegzudenken. Sie gingen (wie teilweise auch heute noch) nur mit einem Schlagstock bewaffnet auf Streife und vermittelten den Bürgerinnen und Bürgern ein gewisses Gefühl der Sicherheit. Ähnliche Strukturen in der Polizeiarbeit wurden nach 1856 durch den *County Borough Police Act* in allen Verwaltungsbezirken der Insel obligatorisch, womit die Modernisierung eines wichtigen Teils der Exekutive einsetzte. Ein weiterer wesentlicher Schritt ergab sich

London – *Regent Street* mit einem der englischen *icons*, dem *Routemaster Bus*

1878 aus der Einrichtung des *Criminal Investigation Department*, der Kriminalpolizei, deren nicht uniformierte Detektive die eigentliche Ermittlungsarbeit übernahmen und mit dieser Aufgabe auch die prominenten Repräsentanten der englischen Polizei wurden. Polizistinnen beziehungsweise später Detektivinnen traten erst ab 1919 offiziell auf – sicher auch ein Erfolg der Suffragettenbewegung. Anfangs trugen sie noch etwas unpraktische Uniformen: oben eine Art »Cowboyhut«, der das Gesicht verschattete, und unten einen sehr langen Rock, der Verfolgungsjagden erschwert, wenn nicht gar unmöglich gemacht haben dürfte. Immerhin: 100 Jahre später ist eine Frau Chefin von Scotland Yard. 2017 wurde Dame Cressida Dick von der Königin zum *Commissioner of the Metropolitan Police Service* ernannt.

Von Beginn an hatte Scotland Yard seinen Sitz in Westminster, jenem Teil von London, an dem sich die Macht des Königreiches konzentriert. Anfangs noch in Whitehall nahe der Mall gelegen und mit einem rückwärtigen Eingang von der kleinen Straße *Great Scotland Yard*, die der Institution den Namen gab, verlagerte sich deren Sitz nach Süden. Nebenbei: Wer einmal nahe Scotland Yard und in beruhigender Sicherheit nächtigen möchte, der kann in dieser Straße ein Luxushotel aufsuchen, das »Scotland Yard« im Namen trägt; die Hotelkette Hyatt hat 2019 dort ein 5-Sterne Haus eröffnet. 1890 wurde die *»Met«* in dem roten, mit weißen Streifen verzierten Gebäude am Victoria Embankment etabliert, das man in Deutschland in den 1960er-Jahren durch die seinerzeit erfolgreichen Edgar-Wallace-Filme kennenlernte. Dort wurde sie als eine – scheinbar – mysteriöse Behörde präsentiert, ständig von Nebelschwaden umwallt und mit dem Tuten der Frachtschiffe auf der nahen Themse als unheimliche Geräuschkulisse im Hintergrund.

1967 zog man in ein hohes Bürogebäude an der Victoria Street mit dem berühmten, sich ständig drehenden Namenszug *New Scotland Yard* vor der Tür. Von dort ging es 2017 wieder zurück an die Themse, wo das in den 1930er-Jahren errichtete *Curtis Green Building*, dem alten Traditionsgebäude von Norman Shaw benachbart, gründlich renoviert wurde. Allerdings war das Hochhaus erheblich beeindruckender, da es gewissermaßen die schützende Beobachtung der Stadt von oben repräsentierte. Jetzt ist die Behörde wieder im Zentrum des Regierungsviertels angekommen mit direktem Blick auf das Parlament und somit indirekt auf die Politik. Und diesen Blick braucht es, denn auch im *House of Parliament* können Schüsse fallen und muss ein Mord untersucht werden. Und dies geschieht 1932 in einem Buch von Ellen Wilkinson. Sie hat nur einen Roman geschrieben (»The Division Bell Mystery«), doch dieser führt in profunder Weise ein in das politische Leben des Landes, in Rituale und Gewohnheiten des Abgeordnetenhauses, die für britische Parlamentarier Alltag sind, für den Außenstehenden jedoch teilweise seltsam anmuten. Die Autorin (»*Red Ellen*«) war das erste weibliche *Member of Parliament*, das für die Labour Partei ins *House of Commons* einzog – für die Konservativen war es schon früher Nancy Astor gewesen. Und dank dieser Vertrautheit mit dem politischen Geschehen dokumentiert der Roman zum einen die problematische Nachkriegszeit, in der das Land dringend ökonomische Hilfen brauchte; diese wollte ein Milliardär liefern – das spätere Mordopfer. Wilkinson bietet zum anderen einen humorvoll-spöttischen Blick auf das Innenleben der Legislative, das sich nicht nur auf den grünen Bänken des Unterhauses vollzieht (das Oberhaus spielt in diesem Buch kaum eine Rolle), sondern ebenso intensiv in den Hinterzimmern von Westminster.

Der Mord an dem reichen Financier geschieht während des Dinners mit einem hohen Politiker, als dieser kurz den kleinen Raum verlassen musste, da die *Division Bell* geläutet wurde. Diese Glocke ruft die Parlamentarier acht Minuten vor einer Ab-

Das Hauptquartier von *New Scotland Yard* zwischen 1967 und 2016 am *Broadway* nahe der *Victoria Street*

stimmung ins Haus, und da jene sich in den Pausen in einem weiteren Umkreis um den Plenarsaal aufzuhalten pflegen, gibt es fast 200 *Division Bells* in benachbarten Pubs und Restaurants und auf dem Parlamentsgelände selbst fast 400. Und so sieht man nicht selten in den Kneipen ringsum, wie sich Gäste mit einem Sturztrunk verabschieden und zur Abstimmung eilen. Die Abgeordneten haben dann acht Minuten Zeit, um die jeweilige Lobby (*Aye or No*) zu erreichen. Die Parlamentarier teilen sich also entsprechend der intendierten Stimmabgabe auf, daher der Name der Glocke. Glücklicherweise sind in all den Jahren zumindest bei *diesem* Procedere keine Verbrechen geschehen. Allerdings gab es Guy Fawkes, der immerhin das Parlament 1605 in die Luft sprengen wollte, oder den Fall von John Bellingham, der 1812 den Premierminister Spencer Perceval erschoss und sich widerstandslos verhaften ließ. Im Roman von Wilkinson wird natürlich sofort das quasi benachbarte Scotland Yard um Hilfe gebeten, dessen Ermittler es nicht weit haben. Auch wenn der Mord im Zentrum der politischen Macht geschieht – das Motiv gründet sich wie so häufig auf die Macht von Liebe und Leidenschaft.

Es gibt noch weitere Bücher, die einen Mord im Parlament geschehen lassen, und zwar direkt im Herzen der Legislative. Zum einen beschreibt John Victor Turner in seinem Roman »Below the Clock« (1936), wie der Schatzkanzler während seiner Budget-Rede im *House of Commons* zu Boden sinkt. Selbst die *Order*-Rufe des *Speaker* können die aufgeregten Abgeordneten nicht beruhigen, die aber zuerst an ein Herzversagen denken. Nach und nach wird klar, dass der Politiker in kriminelle Machenschaften verstrickt war und vergiftet wurde. Zum anderen wird bei Anthony Berkeley ebenfalls im Parlament gemordet. Der Roman »Death in the House« (1939) beschreibt, wie Lord Wellacombe, *Secretary of State for India*, während einer Rede zusammenbricht und stirbt. Er wollte ein wichtiges Gesetz einbringen, doch politische Gegner, die auch vor einem Mord mit höchst unkonventioneller Methode (einem vergifteten Dorn) nicht zurückschrecken, verhindern dieses, und ein weiterer Minister wird ebenfalls umgebracht. Erst das detektivische Eingreifen des *Undersecretary for India* bewahrt den Premierminister vor dem gleichen Schicksal.

Der Glockenturm des Parlaments – nach der größten Glocke »Big Ben« genannt

Im Folgenden beginnt die Exkursion zu ausgewählten Schauplätzen des Verbrechens im Osten Londons und kommt dann in den Westen nach Marylebone und Kensington. Von dort geht es weiter nach Belgravia und Mayfair mit einem kurzen Stopp in Bloomsbury. Anschließend in den Norden und Nordosten nach Hampstead, Highgate und Islington, und von dort zurück nach Westminster in die Straße der Bücher und die der Theater. Vom »traditionellen« London kurz in das »moderne«, kreuz und quer durch Pubs und bekannte Restaurants und Kneipen. Die Tour wird dort enden, wo das Schicksal derer verhandelt wird, die von den Beamten der »*Met*« gefasst wurden – im Gerichtsviertel der Hauptstadt.

Neben dem Yard, der wohl berühmtesten Polizei der Welt (abgesehen vielleicht vom FBI), hat London noch zwei weitere Berühmte beziehungsweise Berüchtigte, die eng mit Kriminalität verbunden sind. Auf die Frage nach dem berühmtesten Detektiv und dem berüchtigtsten Verbrecher Londons gibt es wohl nur eine Antwort: Sherlock Holmes und Jack the Ripper. Während aber die fiktive Identität von Holmes bekannt ist – er verfügt in 221B Baker Street sogar über einen »festen Wohnsitz« – konnte man die reale Identität des Serienmörders nicht ermitteln, auch wenn im Laufe der Jahre zahlreiche Verdächtige genannt wurden. So soll er ein Friseur, ein Mediziner, ein berühmter Maler, der Autor Lewis Carroll (»Alice im Wunderland«) oder gar ein Enkel von Queen Victoria gewesen sein. Die »Wirkungsstätten« der beiden Londoner aber könnten unterschiedlicher kaum sein! Während Sherlock Holmes, dessen Name zu einem Synonym wurde für scharfsinnige Detektive, im West End »praktizierte«, südlich vom Regent Park in Marylebone, beging der Mörder seine bestialischen Untaten im East End, in Whitechapel.

»Dear Boss« beginnt ein Brief, den eine Londoner Presseagentur im September 1888 erhält. In diesem prahlt der Verfasser mit seinen Untaten in den dunklen Straßen des Armenviertels im Londoner Osten; unterschrieben ist die Mitteilung mit: »Yours truly Jack the Ripper«. Die Echtheit dieses Briefes konnte nicht endgültig bewiesen werden, doch manche Indizien scheinen dafür zu sprechen. Wenn man die Zeitungsberichte aus der damaligen Zeit liest, ist man erstaunt, wenn nicht gar befremdet, wie detailliert und mit welch unbarmherziger Genauigkeit die brutalen Verbrechen und der Zustand der grauenhaft verstümmelten Opfer beschrieben und mit Illustrationen veranschaulicht werden. Das Unheimliche, das Ungelöste, das geradezu Barbarische der Whitechapel-Morde schufen eine morbide Attraktivität, fast schon Obsession, deren Wirkung bis zur Gegenwart anhält. So gibt es für den heutigen London-Touristen zahlreiche Angebote wie zum Beispiel nächtliche Touren auf den Spuren von Jack the Ripper (für sensible Gemüter auch am Tage).

Wenn ein Stadtteil Londons multikulturell genannt werden kann, ist es wohl Whitechapel, denn hier in Hafennähe suchten die ankommenden Immigranten etwa seit der Mitte des 19. Jahrhunderts zuerst eine preiswerte Unterkunft. Waren es anfangs Hugenotten und später jüdische Einwanderer aus Osteuropa, so kamen danach Menschen aus Bangladesch, und alle machten das East End zu einem interessanten Stadtteil. Im 19. Jahrhundert zogen obendrein viele Menschen vom Lande nach London, die auskömmliche Arbeit suchten, ohne diese jedoch immer zu finden. Und alleinstehenden Frauen blieb häufig nur die Prostitution, um sich durchzubringen. Unter diesen sozial Ausgegrenzten fand der Serienmörder seine Opfer, deren Namen – ungewöhnlich für damalige Verbrechen – bis heute bekannt sind. Wer allerdings auf »Spurensuche« gehen will, wird kaum welche finden. Denn nur wenige Lokalitäten gibt es noch (vielleicht glücklicherweise), die an das Whitechapel des 19. Jahrhunderts erinnern, und diese findet man auf einem relativ eng umgrenzten Raum. Das East End galt damals als *rookery*, als Slum, und es entbehrt nicht einer zynischen Ironie, dass die Untaten des Verbrechers nicht nur den sozialen Blick der »hochmoralischen Gesellschaft« auf das Viertel richteten (selbst Queen Victoria forderte eine schnelle Aufklärung), sondern durch diese Aufmerksamkeit auch Verbesserungen für die Lebenssituation der *East Enders* bewirkten.

Heutige Interessierte sollten den Weg durch das Viertel am Ausgang der *Aldgate East Station* der U-Bahn – sich nach links wendend – auf der *Whitechapel High Street* beginnen. Bereits wenn man die Treppen hochsteigt, ist man im 21. Jahrhundert, denn der Blick nach oben sieht ringsum die gläsernen Fassaden von Hochhäusern. Dann läuft man weiter gen Osten, überquert die *Commercial Street* und kann, so gewünscht, im *White Hart Pub* auf der linken Seite ein

Craft Beer nehmen. Angeblich sollen hier einige der Opfer und vielleicht auch der Mörder verkehrt haben. Rechts neben dem Pub führt ein Torbogen in die *Gunthorpe Street*, die früher *George Yard* hieß und ein Tatort war. Vielleicht ist es diese Passage, die noch am ehesten einen Eindruck vermittelt von den miserablen Wohnverhältnissen im 19. Jahrhundert und von dem »Betätigungsfeld« des Verbrechers. Das Kopfsteinpflaster zwingt zu vorsichtigem Gehen, und die teilweise recht gut erhaltenen Backsteinhäuser sahen vielleicht das, was sensationslüsterne Passanten jetzt noch gerne sehen würden.

Am Ende der engen Straße trifft man auf die *Wentworth Street*, die man bis zur *Brick Lane* nach rechts gehen kann, um auf dieser inzwischen touristisch »angesagten« Straße einen Eindruck von der lebhaften *Bangladeshi Community* zu gewinnen. Dann nach Norden bis zur *Fournier Street* und in diese nach links abbiegen, um zur *Commercial Street* zu kommen. An der Ecke steht auf der rechten Seite immer noch das *Ten Bells Pub*, ein »*watering hole*« für die Gegend, das wohl auch die Opfer des Rippers frequentierten. Ein Bier – die Kneipe offeriert eine recht gute Auswahl – sollte man sich zumindest dann genehmigen, wenn man das interessante Innere besichtigen will. Wer es etwas spiritueller möchte, besucht die *Christ Church Spitalfields* gegenüber, ein Werk des Architekten Nicholas Hawksmoor aus dem 18. Jahrhundert. Diese Kirche wird in dem Kriminalroman von Peter Ackroyd eine Rolle spielen, doch davon später. Das Café in der Krypta lädt dazu ein, dem Leib wie dem Geist gleichermaßen Nahrhaftes zu bieten, wie denn der kirchliche Raum nach einem Gang durch das Viertel mit der mörderischen Historie vielleicht einen angemessenen Abschluss bietet.

Das Kapitel »Jack the Ripper« scheint auch heute weder unter kriminologischem noch unter literarischem Aspekt abgeschlossen zu sein, denn weiterhin versucht man, aus uralten Spuren einen Täter zu ermitteln beziehungsweise aus neu erfundenen Ereignissen Spannung zu erzeugen. Allerdings wird häufig der Mörder nicht aus dem Inventar der historischen Verdächtigen genommen. Unter den vielen Romanen zu diesem mysteriösen Verbrecher ist der interessanteste und spannendste jener von Marie Belloc Lowndes, dessen Originaltitel »The Lodger« (1913) sehr viel besser Mysteriöses andeutet als der deutsche Titel »Jack the Ripper«, dessen Direktheit

die erzählerische Qualität missachtet. Ein älteres Ehepaar nimmt einen Mieter auf, der fromme Studien zu treiben scheint, aber häufig dann abwesend ist, wenn wieder ein Frauenmord geschieht. Der Frau wird der Mitbewohner immer unheimlicher, doch das Paar ist auf das Geld angewiesen und kann ihm nicht kündigen. Als auch die Polizei ihn verdächtigt, flieht der *Lodger* und kehrt nicht mehr zurück; alle Spuren lassen darauf schließen, dass er ein Mörder ist.

Häufig wurde gerätselt, warum Conan Doyle nicht seinen Superdetektiv Sherlock Holmes in dem »Ripper-Fall« ermitteln ließ, doch vermutlich hätte sich der klassenbewusste Gentleman im *East End* fehl am Platze gefühlt. Und Doyle würde mit Rücksicht auf sein bürgerliches Publikum wohl kaum derart blutrünstig Amoralisches präsentiert haben. Spätere Autoren schicken Holmes dennoch nach Whitechapel, aber nur weil der potenzielle Täter in der

Die *Gunthorpe Street* in Whitechapel, wo möglicherweise Jack the Ripper sein erstes Opfer ermordete

Oberschicht vermutet wird. So machen es Ellery Queen in »Sherlock Holmes und Jack the Ripper« (1967) und – besonders aufwendig – Edward B. Hanna in »The Whitechapel Horrors« (1992). In diesem Roman kooperiert der Detektiv mit den höchsten Kreisen vom Premierminister bis zum Prince of Wales, dessen Sohn ein Hauptverdächtiger ist.

Arthur Conan Doyle veröffentlichte 1889 den ersten Holmes-Text (»Eine Studie in Scharlachrot«), dann folgten vor allem kürzere Erzählungen, die den kriminalistischen Helden nicht nur in der Literatur, nicht nur in London, sondern sukzessive auch in der britischen Lebenswelt etablierten und ihn zu einem ikonischen Charakter machten. Seinem *consulting detective* hatte Doyle eine Wohnung in Marylebone in der Nähe des Regent Parks zugewiesen, die jener sich mit seinem Freund Dr. Watson teilte. Die *Baker Street* war Ende des 19. Jahrhunderts nur bis zur Hausnummer 100 bebaut, sodass begeisterte Leser beim Suchen der Hausnummer 221B niemanden belästigen konnten. Inzwischen ist in dem denkmalgeschützten Gebäude das privat geführte »Sherlock Holmes Museum« eingerichtet, welches das viktorianische Ambiente einer Junggesellenwohnung präsentiert. Und einige typische Accessoires des Detektivs – *Deerstalker* und Pfeife inklusive – ergänzen die Pseudohistorie. Von diesem »Stützpunkt« unternimmt Sherlock Holmes seine Ermittlungen, bei denen ihn zumeist Dr. Watson als eine Art *sidekick* begleitet. Diese Nachforschungen erstrecken sich nur teilweise auf London, und die jeweils aufgesuchten Orte werden in den Texten häufig allein als fiktive Adressen der Ratsuchenden oder Verdächtigen genannt. Wenn man die in den einzelnen Erzählungen erwähnten Lokalitäten auf einem Londoner Stadtplan verifizieren will, so liegen sie im Westen und in der City, also in den Wohnvierteln der »besseren Kreise«.

Eine heutige London-Tour auf den Spuren von Holmes kann sich auf jene wenigen Fixpunkte beschränken, die über eine bloße Nennung des Ortes hinausgehen. Abgesehen von *221B Baker Street* (fiktiv und interessant) ist das die U-Bahn-Station *Gloucester Road* in Kensington (real und interessant nur bei einem weiteren Gang durch den Stadtteil), für einen Drink das

Sherlock Holmes Pub in *10 Northumberland Street* (real mit Holmes-Reminiszenzen) und abschließend zur Stärkung das Restaurant *Simpson's in the Strand* (real und kulinarisch interessant). In der Erzählung »Die Bruce-Partington-Pläne« (1917) untersucht Holmes den Tod eines im Dienst der Regierung stehenden jungen Mannes, der verdächtigt wird, geheime Pläne entwendet zu haben, und dessen Leiche neben einer U-Bahn-Strecke in Whitechapel gefunden wurde. Dank seiner genialen Fähigkeiten weiß der Detektiv bald, dass man den Toten auf das Dach eines Wagens gelegt haben musste und dies nur dort geschehen konnte, wo die Züge halten, bevor sie in den Tunnel einfahren – also vor der *Gloucester Road Station*. Holmes findet das Haus des Täters in *Caulfield Gardens 13*, eine Straße, die es nicht gibt, deren Häuserzeilen aber »die Säulen und Porticos« aufweisen, »die eindeutig das Ergebnis der mittleren viktorianischen Epoche im West End von London waren«. Holmes löst den Fall, rettet das Königreich, und der Leser erfährt etwas über die typische, auch heute noch zu besichtigende Architektur Kensingtons.

Zum *Sherlock Holmes Pub* sollte man vielleicht dann gehen, wenn man von Scotland Yard kommt, da es von dort nur etwa zehn Minuten Fußweg sind an der Themse entlang. Im 19. Jahrhundert gab es in der *Northumberland Street* bereits ein Hotel, das Sherlock Holmes für seine Ermittlungen in »Der adelige Junggeselle« aufsucht. Davon ist das Pub (ursprünglicher Name *Northumberland Arms*) übriggeblieben, das jene Memorabilien im Obergeschoss präsentiert, die für die *Sherlock Holmes Exhibition* während des *Festival of Britain* 1951 zusammengetragen worden waren. Ein *Pint* könnte der Aperitif sein für ein opulentes Dinner bei *Simpson's in the Strand*, das nur einen kurzen Spaziergang entfernt liegt. In diesem Restaurant kehrten Sherlock Holmes und Watson häufiger ein, wenn es galt, etwas Nahrhaftes zu sich zu nehmen, wie zum Beispiel in der Erzählung »Der sterbende Detektiv« berichtet wird. *Simpson's* – heute zum dahinterliegenden Savoy-Hotel (beziehungsweise zur »Savoy-Group«) gehörend –, gibt es seit 1826, wenn auch natürlich in etwas anderer Gestalt. Anfangs ein Café für Schachspieler entwickelte es sich im Laufe der Jahre zu einem Restaurant, in dem Wert auf englische Küche gelegt wurde und auch heute noch gelegt wird. So sind Braten eine Spezialität des Hauses, die auf Trolleys zu den Gästen gefahren werden, wo dann die gewünschten Portionen von sogenannten *carvers* mit furchterregend riesigem Tranchierbesteck abgeschnitten und mit typischen Beilagen wie *Yorkshire Pudding* serviert werden. Die Räumlichkeiten lassen durchaus noch viktorianische Opulenz ahnen, und das ist für einen Gast wichtig, der auf den Spuren von Sherlock Holmes ein gewisses *feeling* für die Epoche entwickeln möchte.

Wie schon erwähnt, sind es in der heutigen Zeit nicht nur die Romane (wie alt sie auch immer sein mögen), die für »Literaturtouristen« als Vademecum fungieren, sondern vor allem TV-Serien leiten den Krimi-Fan. Und so ist es auch bei Sherlock Holmes. Aus der großen Anzahl von Filmen sei auf zwei Serien verwiesen, die den Detektiv und seinen historisch-sozialen Kontext auf höchst unterschiedliche Weise zeigen. Die eine (»Sherlock Holmes«, 1984–1994) mit dem Hauptdarsteller Jeremy Brett, einem distinguierten, wenn auch exzentrischen viktorianischen Gentleman, bemühte sich, das Zeitkolorit atmosphärisch zu bewahren. Die andere (»Sherlock«, 2010–2017) mit Benedict Cumberbatch ist im London des 21. Jahrhunderts angekommen, und wer hier die *locations* sucht, braucht sich nur in einen normalen Linienbus zu setzen. Sherlock Holmes wäre danach (fast) überall anzutreffen – selbst im Buckingham Palace, den er, pikanterweise nur mit einem Bettlaken bekleidet, auf allerhöchsten Befehl betritt.

Der heutige Besucher ist jetzt auf dem Rundgang durch London im West End angelangt, wo die Handlung vieler Kriminalromane, die in der spätviktorianischen Epoche spielen, angesiedelt ist. Dabei wird die besonders vornehme Gegend von *Belgravia* bevorzugt, die direkt hinter dem *Buckingham Palace* liegt. Im 19. Jahrhundert war hier – neben *Mayfair* – das Wohnviertel der Adeligen und der Reichen, wenn auch nicht immer Schönen, und wenn es hier Verbrechen gab, war der Kontrast zwischen elitärer Standes-Moral und tatsächlicher pseudo-elitärer Unmoral besonders groß. Diese literarisch verarbeiteten Gegensätze zeigen, in welchem Umfang Kriminal- oder Detektivromane nicht selten signifikante Kritik an gesellschaftlichen Problemen üben. Natürlich könnte man für diese Thematik auf der britischen Insel im 19. Jahrhundert Charles Dickens lesen, vielleicht *Oliver Twist* oder *Große Erwartungen*, in denen ebenfalls verbrecherische Umtriebe beschrieben werden. Doch die Intention des engagierten Sozialkritikers Dickens war eine andere als die heutiger Schriftsteller; deren Beschreibung der englischen Klassengesellschaft geht meistens davon aus, dass diese nur noch Geschichte ist und überwunden wurde – was wohl nicht immer zutreffend ist.

Ein Gang durch Belgravia oder Mayfair macht deutlich, dass hier – und vor allem hier – die *upper class* lebte und teilweise auch heute noch lebt, wobei die Reichen nicht unbedingt Briten sein müssen. Dieses Viertel vermittelt dem Betrachter wie kaum sonst in London ein Gefühl der Zeitlosigkeit – zumindest wenn man die Rolls Royces und Maybachs am Straßenrand nicht beachtet. Die Häuser sind zwar alle »Reihenhäuser«, doch dieser Begriff täuscht über den Luxus jener Anwesen hinweg. Allerdings gehören Grund und Boden in Belgravia zum größten Teil dem *Grosvenor Estate* des *Duke of Westminster*, der nur die Nutzungsrechte zur Erbpacht vergibt. Und die »*Blue Plaques*« an vielen Häuser zeigen, wer sich diesen Aufwand in einem der teuersten Viertel der Hauptstadt leisten konnte, so zum Beispiel Politiker wie Neville Chamberlain und Margaret Thatcher oder Filmstars wie Roger Moore und Sean Connery. Der *landowner* kann strikte Vorgaben machen, die gewährleisten, dass die Pflege der denkmalgeschützten Anwesen und die Einheitlichkeit des »Ortsbildes« gesichert sind. Während der *Eaton Square* noch etliche private Anwohner hat, sind nach dem Krieg am *Belgrave Square* viele Botschaften beziehungsweise Firmen eingezogen. Aber Ende des 19. Jahrhunderts residierten hier noch die *happy few*, deren Glück jedoch – wenn man den Krimis glaubt – sehr fragil zu sein schien.

Anne Perry, eine der erfolgreichsten Autorinnen viktorianischer Kriminalromane, lässt ihren Polizisten Thomas Pitt Ende des 19. Jahrhunderts bevorzugt im Westen der Metropole ermitteln, was bereits in den Titeln zum Ausdruck kommt: »Belgrave Square« (1992), »Tod am Eaton Square« (2012) oder »Die Tote von Buckingham Palace« (2007). Und die Tatverdächtigen kommen aus höchsten oder sogar allerhöchsten Kreisen.

Nächste Doppelseite
Eaton Place in Belgravia mit *terraced houses*

63
V922 EGK

74
76
LD52 ZKO

Für einen subalternen, aber bald beförderten Polizeibeamten stellen sich hier keine einfachen Aufgaben, doch glücklicherweise hat Pitt eine Frau aus »besseren Kreisen« geheiratet, die ihm hilfreich zur Seite steht und auch weiß, wie es hinter den strahlend weißen Fassaden der eleganten georgianischen Häuser aussieht.

Die Verbrechen, die er dort im Laufe seiner Karriere aufzuklären hat (er avanciert später zum Beamten des Staatsschutzes), sind so blutig und brutal, wie man sie – zumindest in Zeiten des Rippers – nur im *East End* vermuten würde. Doch selbst im *Buckingham Palace* wird eine junge Frau ähnlich bestialisch ermordet, wie es den Frauen in Whitechapel widerfuhr. Im Laufe der Untersuchungen des Staatsschutzes wird deutlich, dass es hier um gravierende wirtschaftspolitische Kriminalität geht, in die auch der Prince of Wales involviert ist, der im Palast anrüchige, aber in höheren Kreisen nicht ungewöhnliche Partys feierte. Seine Königliche Hoheit, nicht sonderlich sympathisch gezeichnet und wie immer voller Furcht vor seiner strengen Mutter Queen Victoria, ist am Ende der Ermittlungen *not amused*. Zwar weiß man in Adelskreisen um die speziellen Neigungen des Thronfolgers, aber es ist natürlich völlig

unangemessen, dass Bürgerliche Einblick erhalten in das royale Lotterleben.

Das architektonische und soziale Zentrum Belgravias ist der *Belgrave Square*, in der ersten Hälfte des 19. Jahrhunderts sehr einheitlich bebaut mit drei- bis vierstöckigen *terraced houses*. Die Geschlossenheit wird erreicht durch eine fast identische Architektur: weiße Fassaden und schwarz gestrichene Gitter vor den Häusern. Die Gebäude haben häufig einen kleinen Säulenvorbau, der die klassizistische Anmutung der Architektur zu Beginn des 19. Jahrhunderts unterstreicht; der Garten in der Mitte des Platzes ist versperrt und kann nur von den Anliegern mit einem eigenen Schlüssel betreten werden. Inzwischen steht fast das gesamte Viertel unter Denkmalschutz. Hier lässt Anne Perry in *21 Belgrave Square* einen reichen Finanzier mit einem dunklen Geheimnis wohnen: Er hat mit seinem Liebhaber dessen Frau umgebracht, als diese die Affäre entdeckte. Nun erscheint ein Erpresser und wird – natürlich – ermordet. Es gibt weitere Morde, und am Ende sind beide Männer tot. Die vornehme Gesellschaft ist entsetzt – aber nur kurz, denn Bälle und Jagdausflüge sind wichtiger. Übrigens residiert hier (*21-23 Belgrave Square)* seit 1955 die Deutsche Botschaft.

Am *Eaton Square* lebt es sich ebenfalls höchst gefährlich; *Sex and Crime* scheinen dort zum Alltag zu gehören, wie Anne Perry schreibt. Indessen widersprechen dem die aktuellen *Detailed statistics for Knightsbridge and Belgravia*, die vor allem Diebstahl (Fahrräder und Autos) sowie Einbruch angeben. Aber einem Kriminalroman, in dem es nur um Fahrraddiebstahl geht, dürfte kaum ein großer Erfolg beschieden sein. Allerdings befinden sich in Knightsbridge viele große Kaufhäuser wie *Harrods* oder *Harvey Nichols* und elegante Boutiquen, weshalb hier die Quote der Ladendiebstähle steigt. Dies hat jedoch keinen wesentlichen Einfluss auf die Kriminalliteratur, denn *shoplifter* geraten meist nur dann auf die Seiten eines Romans, wenn sie Mörder oder Ermordete sind. Nebenbei: Auch Sherlock Holmes ermittelt in Belgravia und zwar in der BBC-Serie mit Cumberbatch. »Skandal in Belgravia« heißt die Episode (in Anlehnung an »Skandal in Böhmen«), und wieder becirct die *femme fatale* Irene Adler den Detektiv. Zwar sieht man von Belgravia nur die schönen Fassaden, aber im Hausinnern gibt es so viel dramatisch-tödliche *action,* dass Scotland Yard das gesamte Viertel eigentlich hätte unter Polizeischutz stellen müssen.

Von *Belgravia* ist der Weg relativ kurz nach *Mayfair* und *St. James's,* wo es ähnlich gewalttätig zuzugehen scheint, zumindest wenn man wieder die Kriminalstatistik heranzieht. Allerdings gehörten bis in die 40er-Jahre des letzten Jahrhunderts viele Bewohner des Viertels zur Aristokratie beziehungsweise zum Geldadel, denn die Alternative zu Belgravia (und damit nahe zum *Buckingham Palace*) war entweder Mayfair oder – mit gewissem Abstand – Kensington (und *Kensington Palace*). Die jeweilige Entfernung zu einem der drei königlichen Paläste in der Hauptstadt bestimmte auch die gesellschaftliche Bedeutung des jeweiligen Quartiers. Für Mayfair ist es der *St. James's Palace,* eine der königlichen Residenzen, an der heute noch die Botschafter akkreditiert werden, zu dem es die Adeligen hinzog. Und damit hing auch die Etablierung der zahlreichen Gentlemen-Clubs zusammen, die an den Straßen *Pall Mall* und *St. James's* Quartier nahmen.

Deshalb ist es nur folgerichtig, dass Dorothy L. Sayers ihren adeligen Detektiv (vollständiger Name Lord Peter Death Bredon Wimsey) eine Wohnung *110A Piccadilly* direkt gegenüber dem Green Park beziehen lässt. »110A« ist eine Hommage an Sherlock Holmes, da diese Hausnummer gewissermaßen eine Halbierung von 221B darstellt – auch wenn sich die detektivische Kompetenz des Lords durchaus mit der von Holmes messen kann. Sayers gehört (neben Agatha Christie, Margery Allingham und Ngaio Marsh) zu den sogenannten *Queens of Crime*, die zwischen den Weltkriegen das *Golden Age of Crime Fiction* repräsentierten. Die Schrecken des 1. Weltkrieges, der bezeichnenderweise in England immer unter dem Begriff *Great War* firmiert, wirkten noch lange in die Gesellschaft hinein und hinterließen große soziale Probleme – wie auch anderswo in Europa. Vielleicht aber brauchte jene, für weite Teile der Bevölkerung kaum »golden« zu nennende Zeit eine Literatur, in der mörderische Probleme gelöst werden und es ein soziales Happy End gibt.

Wimsey ist ein sehr wohlhabender und sehr intelligenter Mann aus dem Hochadel, ein Oxford-Absolvent mit Bestnote, ein formidabler Kricketspieler und ein Experte für alte Bücher und alte Weine – mit anderen Worten: ein interessanter Charakter. Und da er nicht wie sein Bruder, der Herzog, nur den – mehr oder minder unterbeschäftigten – Landedelmann geben will, setzt er seine Fähigkeiten zur Lösung schwieriger Kriminalfälle ein. Wenn ein solcher Fall unter dem Titel »Keines natürlichen Todes« (1927) behandelt wird, kann es nur um Mord gehen. Ein junger Arzt bittet Wimsey um Hilfe, weil eine Patientin – obwohl krebskrank – noch nicht hätte sterben dürfen und er seine medizinische Kompetenz in Frage gestellt sieht. Bald wird klar, dass die attraktive Pflegerin wohl ihre kriminellen Hände im Spiel hat, und jene wohnt in der Nähe von Piccadilly in der *South Audley Street* – fast bei Wimsey »um die Ecke«.

Ebenfalls in Mayfair darf der adelige Gentleman ein Verbrechen dort aufklären, wo sich englische Gentlemen am wohlsten fühlen: im Club. »Ärger im Bellona-Club« (1928) – so der Titel des Romans – bedeutet, es ist ein Mord geschehen (im Original mit britischer Untertreibung als *unpleasantness* bezeichnet). Da der adelige Detektiv fast im »Clubland« wohnt, braucht er nur aus der Haustür zu treten und sich nach links zu wenden. Wir begleiten ihn am Hotel Ritz vorbei und biegen nach rechts in die *St. James's Street*. Auf der linken Seite ist *White's*, dessen prominenteste Mitglieder heute Prince Charles und sein Sohn William sind. Direkt daneben ein Ausstatter für Jagdgesellschaften – angeblich 1526 gegründet. Ein kurzes Stück weiter *Boodle's*, dessen Mitglied Winston Churchill gern hinter dem Erkerfenster saß (so sagt man) und sich von seinen Anhängern bewundern ließ. Rechts sieht man den *Carlton Club* (1832), in dem sich vor allem Tories wohlfühlen. Falls man nach intensivem Pflastertreten neue Schuhe zu brauchen meint, kann man sie sich gegenüber bei *John Lobb* anpassen lassen und ist dann dort Kunde wie die Royals. Für den Außenstehenden, der keinen Zugang zu den Clubs hat (also für die meisten Menschen), ist ein Blick in die Schaufenster der umliegenden Geschäfte sehr informativ. Ob *Lock* (Hüte & Mützen), *Berry Bros. & Rudd* (Weine & Spirituosen) oder *William Evans* (Gewehre & Jagdkleidung) – alle befriedigen die dringendsten Wünsche des Gentlemans und auch des Königshauses, da die meisten eine Approbation als Hoflieferant haben. Am Ende der Straße biegt man nach links in die Straße *Pall Mall*, wo weitere Clubs von außen zu bewundern sind. Wo allerdings Wimseys »Bellona Club« mitsamt dem mörderischen Ärger sein Quartier hatte, bleibt ein literarisches Geheimnis.

Am Beginn dieser Erzählung trifft Wimsey einen Bekannten, der ihn fragt, was er denn in dieser *Morgue* mache. Der Lord korrigiert ihn, das Ambiente passe weniger zu einer Leichenhalle als vielmehr zu einem Bestattungsinstitut mit all dem Marmor, den Palmwedeln und den goldenen Statuen in der Ecke. Und sein Gesprächspartner erinnert an die Aufforderung eines Clubmitglieds an den Kellner – zitiert im Satiremagazin *Punch* –, er solle doch bitte den Lord dort wegnehmen, er sei schon zwei Tage tot. Und tatsächlich: In einer anderen Ecke des Raumes sitzt eine Leiche im Ledersessel, allerdings nicht im Club, sondern woanders ermordet, doch das wird erst später ermittelt. Es ist *Remembrance Day*, der 11. November, an dem der Gefallenen des 1. Weltkrieges in den Ländern des Commonwealth gedacht wird, und diese Feierlichkeit nutzt der Mörder, um seine Tat zu verschleiern.

Kaum irgendwo dürfte sich ein Gentleman so heimisch fühlen wie in einem Club,

John Lock & Co. Hatters, *St. James's Street* – gegründet 1676;
zu den Kunden des Hoflieferanten gehörten Lord Nelson, Oscar Wilde und Winston Churchill.

6 LOCK & Co 6

zumindest dann, wenn er über entsprechende Mittel verfügt, denn die vornehmen Clubs in St. James bieten elitären Luxus, und der ist mit entsprechenden Kosten verbunden. Bereits das Äußere dieser Häuser – vom schmiedeeisernen Gitter über den Säuleneingang bis zum *bow window* – signalisiert dem Passanten eine abgeschlossene Welt, zu der nur Mitglieder Zugang haben. Obendrein war es viele Jahre eine »Männer-Welt« – was für einige Clubs bis heute gilt –, in der Frauen gleichberechtigt erst später aufgenommen wurden. Die meisten Clubs wurden im Laufe des 19. Jahrhunderts gegründet, die exklusivsten aber, ursprünglich dem Adel vorbehalten, waren *White's* und *Boodle's*, deren Entstehung ins 17. beziehungsweise 18. Jahrhundert zurückgeht. In den bedeutendsten Clubs wurde Politik gemacht und in nicht geringem Maße das Schicksal des Staates bestimmt, weshalb die Benennung dieser Institution als »*Palaces of Power*« zumindest für das 19. und das beginnende 20. Jahrhundert eine gewisse Berechtigung hat. Wenn man also die Macht bedenkt, die diese Clubs und deren Mitglieder haben, ist der Kontrast zwischen sozialem Prestige und verwerflicher Unmoral umso größer.

London, 24 *Great James Street*: Hier wohnte Dorothy L. Sayers von 1921 bis 1929.

ENGLISH HERITAGE
DOROTHY L.
SAYERS
1893-1957
Writer of
Detective Stories
lived here
1921-1929

Eine Intellektuelle ohne Vermögen konnte natürlich nicht in Mayfair wohnen, weshalb Sayers nach Bloomsbury zog, dem Viertel der Denker und Dichter nahe dem Britischen Museum und – vor allem – dessen imposanter Bibliothek. Am Haus ihrer früheren Wohnung *23-24 Great James Street* erinnert eine der berühmten *Blue Plaques* an die Autorin, und ihre Kenntnis des Stadtteils und damit das Bewusstsein von der kulturellen Besonderheit Bloomsbury's haben sie möglicherweise veranlasst, einige ihrer Romane und deren Helden dort zu situieren. Denn dieser Stadtteil gab nicht nur der berühmten *Bloomsbury Group* um Virginia Woolf seinen Namen, sondern Hochschulen und Buchläden haben ihn auf dem literarischen Stadtplan der Metropole eingeschrieben, und auf dieser Landkarte finden sich viele Personen – reale und fiktive. Zu den fiktiven Figuren von Sayers gehört Harriet Vane, Kriminalautorin und des Giftmordes angeklagt (»Starkes Gift«, 1929), die eine Wohnung in der *Doughty Street* hat, bei Sayers fast um die Ecke. Fünf Romane später ist Vane umgezogen in ein – vermutlich größeres – Appartement am *Mecklenburgh Square*, wo auch Sayers ein Jahr lang wohnte. Kaum irgendwo erscheint die Millionenstadt London idyllischer als an ihren zahlreichen *Squares*, die dank des meistens in ihrer Mitte angelegten Gartens die Natur hereinholen zwischen die umschließenden Häuserzeilen. Ob Belgravia oder Bloomsbury – die *Squares* ermöglichen die Erholung in frischer Luft mitten in der verkehrsreichen Stadt.

Nicht selten lässt Sayers Verbrechen in ihrer Wohnumgebung geschehen beziehungsweise die Verbrecher dort leben, wo sie sich auskennt. Auch Wimsey kommt in ihre Gegend, wenn er den Tod des Angestellten einer Werbeagentur untersuchen soll. Da Sayers mehrere Jahre in einer solchen Agentur – gelegen am *Kingsway* – gearbeitet hat, weiß sie um die Bedeutung von Reklame. Immerhin stammt einer der bekanntesten und erfolgreichsten britischen Werbesprüche von ihr: Mit »*Guinness is good for you*« hatte sie für eine erhebliche Absatzsteigerung des irischen Stouts gesorgt. Und da ist ein Romantitel wie »Mord braucht Reklame« (1933) zwar nicht zutreffend, aber ebenfalls absatzförderlich. Wimsey ermittelt *undercover* in der Agentur, die an der *Southampton Row* liegt, und deshalb ist er in die *Great Ormond Street* gezogen, wo auch sein Schwager, ein Inspektor von Scotland Yard, wohnt. Bloomsbury repräsentiert hier den künstlerischen, fast bohemehaften Lebensstil, der von den Mitarbeitern der Agentur und ihren Freunden ausgelebt wird. Wie schon im Roman »Ärger im Bellona-Club« zeigt Sayers den Hedonismus, zugleich aber die soziale Problematik, die es für nicht wenige Menschen nach dem 1. Weltkrieg schwer machte, die materiellen wie auch psychischen Anforderungen des Lebens zu bewältigen. Auch Wimsey, der in einem flandrischen Schützengraben verschüttet worden war und nur dank seines Sergeanten Bunter überlebte, leidet manchmal unter posttraumatischen Beschwerden.

In Bloomsbury gibt es noch einen anderen Tatort zu besichtigen: die *St. George's Church* liegt am *Bloomsbury Way*, nahe jenen *locations*, die auch bei Sayers genannt werden. Und bei dem Gotteshaus ereignet sich – wie an weiteren Kirchen – ein Mord. Von diesen Verbrechen wird in einem ungewöhnlichen, fast »Schauerroman« zu nennenden Text erzählt. Auch wenn es verwirrende Geheimnisse gibt, ist ein »normaler« Kriminalroman in der Regel ziemlich gradlinig: Verbrechen, Ermittlung, Verhaftung. Wem diese Eindeutigkeit wichtig ist, der sollte nicht den gänzlich anders konstruierten und interessant verwirrenden Roman »Der Fall des Baumeisters« (1985) von Peter Ackroyd lesen. Dieser Roman führt kreuz und quer durch London zu Tatorten an verschiedenen Kirchen (unter anderen *Christ Church* in Whitechapel, *St. Mary Woolnoth* in der City oder *St. Alphege's* in Greenwich), die alle am Beginn des 18. Jahrhunderts von Nicholas Hawksmoor im Auftrag der Stadt London gebaut wurden. Im Roman erscheint der reale Architekt Hawksmoor als der fiktive Baumeister Dyer, der – obwohl in der Zeit der Aufklärung lebend – einem Satanskult ergeben ist. Die von ihm erbauten Kirchen werden gewissermaßen durch Menschenopfer geheiligt, und in seinen mystischen Vorstellungen von Zeit und Raum denkt er Vergangenheit und Zukunft zugleich.

Der andere Protagonist ist – mehr als 200 Jahre später lebend – DCI Hawksmoor [!] von Scotland Yard, der die Morde in direkter Nähe der Kirchen aufklären soll; diese scheinen den Menschenopfern der Vergangenheit zu entsprechen. Glaubt er anfangs noch an den Erfolg seiner Ermittlungen, so wird alles zunehmend mysteriöser, da er bei seinen Streifzügen durch London immer mehr in die Zeit des Architekten »abtaucht« und ihn unheimliche Begegnungen wie in Whitechapel nahe den Ripper-Tatorten verwirren. Am Ende versinkt er in einen Traum, der Vergangenheit und Gegenwart in mysteriöser Weise ineinanderfügt, und weder eine Lösung des Falles noch eine Erlösung der Protagonisten werden dem Leser gegönnt. Aber dieser hat immerhin die wichtigsten Kirchen der Queen-Anne-Zeit in London kennengelernt, deren Besuch glücklicherweise keine kriminellen Assoziationen zulässt.

Auf dem Rundgang geht es nun von Bloomsbury in den Norden nach Hampstead, ebenfalls ein Stadtteil, der von Dichtern, Denkern, Schauspielern und Musikern geschätzt wird. Auch P. D. James, eine *Queen of Crime* von heute, lässt Vergangenes in die Gegenwart hineinreichen, aber nicht para-normal, sondern pragmatisch-normal, wie sie in dem Roman »Im Saal der Mörder« (2003) zeigt. Ein Museum in Hampstead, im Norden Londons sehr abgeschieden in der Parklandschaft von *Hampstead Heath* gelegen, zeigt fast ausschließlich Exponate aus der Zeit zwischen den Weltkriegen. Die besondere Attraktion des Hauses ist der »Mördersaal«, in dem Bilder, Zeitungsausschnitte und Erinnerungsstücke an Verbrechen gesammelt wurden. Und in dieser Einsamkeit geschehen Morde, die in ihrer Ausführung den im »Mördersaal« gezeigten Verbrechen ähnlich sind. Mit deren Aufklärung wird Commander Adam Dalgliesh von Scotland Yard beauftragt, da sich unter den Verdächtigen bedeutende Persönlichkeiten befinden, deren Verhöre man nicht den »Stadtteilpolizisten« überlassen möchte.

Tagsüber ist die weite Heidelandschaft in Hampstead ein beliebter und belebter Ausflugsort der Londoner, aber in nächtlicher Einsamkeit mutet die Gegend unheimlich an, denn die *Spaniards Road*, auf der man zu dem Museum fährt, ist nur schlecht beleuchtet. Und ein isoliert stehendes Haus, von Bäumen verdeckt, das obendrein noch Memorabilia an schlimmste Mordtaten bietet, ist natürlich ein idealer (wenn auch fiktiver) Tatort. Nebenbei: Auch Dorothy Sayers lässt ein unheimliches Haus dort erstehen, in dem beinahe ein Anwalt ermordet wird

(»Keines natürlichen Todes«). Wem aber dennoch nicht der Appetit vergangen ist, der sollte vor weiteren Unternehmungen vielleicht kurz im *Spaniards Inn* einkehren – möglichst im Sommer, wenn der »Biergarten« offen hat.

In der Vorbemerkung ihres Romans »Im Saal der Mörder« entschuldigt sich James bei allen Freunden von *Hampstead Heath*, dass sie das »Mordhaus« am Rande dieser »schönen Gefilde« platziert hat, doch dieses Gebiet erschien ihr wohl besonders geeignet für einen Tatort – trotz der idyllischen Anmutungen. Wer nämlich die Heidelandschaft durchstreift, bewundert im Frühling die Rhododendronfülle am *Kenwood House* ebenso wie vielleicht im Winter die Kunstwerke im Innern des Museums. Oder er badet im Sommer oder sogar ganzjährig in den *bathing ponds*, von denen es drei gibt: den *mixed* im Süden des Parks und die traditionell nach Geschlechtern getrennten *Ladies' and Men's Ponds* im Osten der Anlage nahe Highgate – für eine Großstadt eine ungewöhnliche Attraktion. Wenn der Wanderer aber das Unheimliche mag, dann sollte er den bekanntesten und traditionsreichen Londoner Friedhof in Highgate besuchen. Von der *Spaniards Road* am besten mit dem Bus nach Highgate bis zur *High Street* fahren und dann die kurze Strecke zur *Swains Lane* laufen, die zwischen dem Ost- und dem Westteil des *Highgate Cemetery* hindurchführt.

Kaum ein anderer Ort in London wirkt auch bei Tage so geheimnisvoll und für empfindliche Gemüter fast gruselig wie der Friedhof in Highgate. Als die Bevölkerung Londons zu Beginn des 19. Jahrhunderts ständig zunahm, es aber immer weniger Begräbnisplätze gab, und diese – da mitten in der Stadt und häufig an Kirchen gelegen – eine Gesundheitsgefährdung bedeuteten, musste neuer Raum für die Toten gefunden werden. Und so eröffnete man 1839 den *Highgate Cemetery*, gestaltet nach den Plänen eines Landschaftsarchitekten. Damals konnten sich nur reiche und bedeutende Londoner eine Grabstätte oder – stil- und prunkvoller – ein aufwendig gebautes Mausoleum auf diesem Friedhof leisten. Nachdem alle Grabplätze belegt waren, drohte *Highgate Cemetery* zu verfallen, bis sich Ehrenamtliche (*The Friends of Highgate Cemetery*) zusammenfanden, um dieses eindrucksvolle Zeugnis viktorianischer Begräbniskultur zu erhalten.

Nächste Doppelseite

Highgate Cemetery (West) – Eingang zur *Egyptian Avenue*

Vor allem der Westteil wirkt mit seinen teilweise verfallenen, teilweise überwucherten Grabsteinen, den dunklen Mausoleen und den zahlreichen Engelstatuen auch bei Tage so unheimlich, dass er eine attraktive Szenerie bieten könnte für literarische Kriminalität. Vor allem der *Circle of Lebanon* und die *Egyptian Avenue* sind Ausdruck einer Mischung von Romantik und *Gothic style* – geheimnisvoll und bedrückend gleichermaßen. Von all den Erzählungen, die den Friedhof als Kulisse nehmen, sei eine ausgewählt, die nicht nur Übersinnliches oder gar Vampirhaftes wie sonst häufig zum Thema hat. Der Roman »The Angel of Highgate« (2015) von Vaughn Entwistle, in der Mitte des 19. Jahrhunderts spielend, beschreibt die morbide Obsession eines Lords mit den nächtlichen Aktivitäten auf dem Friedhof – von Leichenräubern über Sex in Mausoleen bis hin zur Liebe seines Lebens, die engelsgleich in der Dunkelheit erscheint. Und eine Art Happy End gibt es auch! Vielleicht ist es bezeichnend, dass *Highgate Cemetery* vor allem in Schauergeschichten und zwar in solchen aus der Zeit von Königin Viktoria eine Rolle spielt, und statt eiskalter Verbrecher treten dann ebenso kalte Vampire auf. Dennoch sollte man den Friedhof einmal besuchen, denn kaum irgendwo sonst in London kann man ein fast authentisches *feeling* für die architektonische Exzentrik der viktorianischen Epoche bekommen. Während der Westteil nur mit Führungen zugänglich ist, kann der Ostteil mit dem bekannten Grabmal von Karl Marx ohne Guide betreten werden.

Wenn man lange genug über den auch im Sonnenlicht düster anmutenden Friedhof gewandert ist und melancholisch zu werden beginnt, sollte man sich in eine belebtere Gegend im Südosten aufmachen. *Highgate* liegt zwischen den Stadtteilen *Hampstead* im Westen und *Islington* im Südosten, die beide den Ruf genießen, Künstler anzuziehen. Wenn man sich allerdings mit Kriminalität beschäftigt, sollte nicht vergessen werden, wo Kriminelle – falls überführt – einsitzen müssen, und das könnte Islington sein. Dieser Stadtteil verfügt nämlich über Gefängnisse: zum einen *Holloway*, viele Jahre ein Frauengefängnis und inzwischen abgerissen; zum anderen *HM Prison Pentonville*, das heute noch genutzt wird.

Highgate Cemetery (West) – Gräberreihe aus dem 19. Jahrhundert

In beiden Haftanstalten fanden Hinrichtungen durch Erhängen statt – in Holloway die letzte 1955.

Islington gilt spätestens seit dem Wahlsieg Tony Blairs auch als »*Labour's London heartland*«, wie die Sonntagszeitung *The Observer* 2015 schrieb. Viele Labour-Politiker haben beziehungsweise hatten nicht nur ihren Wohnsitz in dem Stadtteil – besonders prominent Tony Blair –, sondern auch wie Jeremy Corbyn ihren Wahlkreis. Und so wurde das sozial durchaus differierende Islington – im 19. Jahrhundert noch sehr ländlich, in der 1. Hälfte des 20. teilweise ein *slum* – in weiten Teilen *fashionable*, was auch den in London inzwischen üblichen Anstieg der Immobilienpreise bedeutet. Es gibt dort natürlich nicht nur eine große Anzahl unterschiedlicher Restaurants und Pubs, sondern auch eine ebenso bunte Vielfalt an Buchläden, seien es solche mit neuen Büchern oder *secondhand bookshops;* letztere allerdings inzwischen weniger als in der »Vor-Internet-Zeit«. Und diese können auch zum Schauplatz von literarischen Verbrechen werden, was sich im Folgenden zeigt.

Ein kleines, wenn auch recht interessant sortiertes Antiquariat gehört Dido Hoare, der Heldin in den Romanen von MARIANNE MACDONALD. Und wer mit wertvollen Büchern handelt, muss auch gewärtig sein, Verbrechen zu erleben – und die geschehen nicht nur im »Namen der Rose«. Deshalb begegnet Dido bei der Suche nach bibliophilen Kostbarkeiten häufig Menschen, die ihr die gefundenen Schätze abjagen möchten und dabei über Leichen gehen – und eine könnte auch ihre sein. Das Geschäft wurde ihr vom Vater geschenkt, einem pensionierten Oxford-Professor, der als fachkundiger Berater fungiert. Gemeinsam bewältigen sie manche Fälle und überstehen diese auch ohne wesentliche Verletzungen. Mal geht es um ein extrem wertvolles Buch mit handschriftlichen Notizen Shakespeares (»Das Manuskript«, 1996), das einen anderen Antiquar das Leben kostet, mal um das (gefälschte) Manuskript eines bedeutenden Poeten, welches ebenfalls eine tödliche Wirkung hat (»Die letzte Strophe«, 1999).

Auch in diesen Romanen stimmen die Angaben zu den Orten in Islington mit aktuellen Stadtplänen überein (*Upper Street, Highbury Corner*), nur den Laden von Dido wird man vergebens suchen. Das ist bedauerlich, denn so wie das Geschäft beschrieben wird mit den vollgestopften Regalen

NIGEL
WILLIAMS
RARE BOOKS
MADE IN ENGLAND
YALE
WATKINS
BOOKS
1894
020 7836 2182
www.watkinsbooks.com
EMERY
MUSIC
& Decoratives
WATKINS
BOOKS
1894
SPECIALISTS IN:
MYSTICISM
OCCULTISM
ORIENTAL RELIGION
ASTROLOGY
THE
PERENNIAL WISDOM
CONTEMPORARY
NIGEL

und dem Geruch von alten Büchern, wäre es das ideale Terrain für eine der englischen Lieblingssportarten: *book hunting*. Doch ein »Bücherjäger«, der bei Dido Hoare nichts findet, weiß, wo in London das wahre Paradies auf ihn wartet: in und um *Charing Cross Road* im Zentrum der Stadt. Also nimmt er die U-Bahn von *Highbury & Islington Station* bis *Warren Station*, wo er umsteigt, um am Halt *Tottenham Court Road* den Beginn der Londoner »Büchermeile« zu erreichen und gemächlich Richtung *Trafalgar Square* zu bummeln. Auch Dido Hoare hatte hier ihre Ausbildung erhalten, doch leider haben inzwischen hohe Mieten und das Internet viele Buchläden vertrieben. Das gilt nicht für *Foyles*, den angeblich größten *bookshop* Europas, dessen Modernisierung nicht weit zurückliegt. Er wurde 1903 gegründet und hatte lange Zeit noch so viele alte Ausgaben in den Regalen, dass er auch als Antiquariat hätte gelten können. Fragte man nach einem Buch, das der Verkäufer nicht kannte, wurde man zu *Waterstones* nebenan geschickt, da es dort immerhin schon einen Computer gab! Inzwischen hat *Waterstones* den großen Nachbarn aufgekauft. Auch der älteste Buchladen Londons, *Hatchards* in Piccadilly (gegründet 1797), gehört inzwischen *Waterstones*.

Nebenbei: Eine anrührende und interessante Darstellung der Bücherstraße stammt von einer Amerikanerin; Helene Hanff beschreibt in ihrem Werk »84, Charing Cross Road« (1970) ihre Erfahrungen als leidenschaftliche Büchersammlerin nach dem Kriege. Wer nun weiter gen Süden geht und sich links hält, kommt in eine kleine, aber umso attraktivere Straße der Antiquare:

Hatchards in *Piccadilly* –
der älteste Buchladen in London

in die Gasse *Cecil Court*, auch *Bookseller's Row* genannt. Hier befindet sich ein Laden neben dem nächsten, mit spezialisierten Angeboten von Kinderbüchern über Kriminalromane bis Okkultismus. Ihr Kontrast zu den üblichen Einkaufsstraßen von London ist so außergewöhnlich, dass Harry-Potter-Fans sie schon mit der *Diagon Alley* vergleichen, in der Zauberer einzukaufen pflegen.

Wer jetzt weiter interessiert ist an »kulturellen Morden« und obendrein Theaterenthusiast, hat es nicht weit bis ins *theatreland*, dem Zentrum des englischen Theaterlebens im West End zwischen *Regent Street* und *Kingsway* mit der »Hauptstraße« *Shaftesbury Avenue*. Die Theater-Tour kann man im *St Martin's Theatre* (*West Street*) beginnen, wo immer noch Agatha Christies Stück »Die Mausefalle« gespielt wird, und das seit 1952! Vorher vielleicht zum *Pretheatre dinner* ins gegenüberliegende *The Ivy*, dessen Ruf sich vor allem auf seine Beliebtheit bei der Prominenz gründet. Wem weniger an Prominenz als an einem interessanten Menü gelegen ist, sollte auf dem Weg in die *Shaftesbury Avenue* lieber in der *Chinatown* Station machen. Dort sind durchaus noch authentische chinesische Restaurants zu finden – und das obendrein zu akzeptablen Preisen. So gesättigt kann man dann ein Theater besuchen, ohne hoffentlich derartige kriminelle Erfahrungen zu machen, wie sie Ngaio Marsh oder Simon Brett beschreiben.

Ngaio Marsh, eine Neuseeländerin, die viele Jahre in London lebte, hatte – soweit man weiß – vor allem eine Leidenschaft: das Theater. Und damit sie als Regisseurin und Produzentin dieser besonderen Liebe nachgehen konnte, schrieb sie Kriminalromane, um das notwendige Geld dafür zusammenzubekommen. Es erstaunt nicht, dass sie häufig die fiktiven Verbrechen im Theater »inszeniert« – gewissermaßen ein Drama im Drama, wie einige der Romantitel zeigen: »Letzter Applaus« (1947), »Ein Schuss im Theater« (1935) oder »Mord vor vollem Haus« (1982). Ihre wesentlichen Regiearbeiten leistete sie in Neuseeland, häufig mit einem jungen Ensemble, was nicht immer einfach war, da sie vor allem Shakespeare-Dramen einstudierte. War sie in London, wo sie Wohnungen in Knightsbridge nahe Harrods schätzte, besuchte sie intensiv die unterschiedlichsten Aufführungen, zuweilen zwei am Tage. Und das konnte kaum zu viel sein, denn nur wenige Städte in der Welt haben eine so reiche Theaterszene.

Diese umfasst sowohl die kommerziellen Häuser, deren finanzielles Überleben von dem jeweiligen Erfolg der Inszenierungen abhängt, als auch die öffentlich geförderten wie das *Royal National Theatre* oder *The Old Vic*, von den vielen experimentellen *Fringe*-Theatern ganz zu schweigen.

Da die Arbeit im Theater – sei es als Darsteller, sei es als Regisseur – oft hochemotional ist, werden die Gefühle zuweilen nicht nur auf der Bühne ausgelebt, sondern in die scheinbar nüchterne Realität mitgenommen. Und dann wird nicht mit Platzpatronen geschossen, sondern es fließt echtes Blut, und die Leichen auf dem Bühnenboden stehen nach dem Fallen des Vorhangs nicht mehr auf – wie zum Beispiel in dem Roman »Ein Schuss im Theater« (1935) von Marsh. Wenn man ihre Romane liest, merkt man, dass sie von einem »Theater-Profi« geschrieben wurden, da die *locations*, die Abläufe der Arbeit auf, vor und hinter der Bühne sehr präzise und anschaulich beschrieben werden. Und man merkt ferner, dass die Örtlichkeiten nicht bloße distanzschaffende »Kulisse« sind, sondern die Lebenswelt der Autorin abbilden.

Zwar sind die Theaterhäuser, in den sich die Verbrechen ereignen, nicht real lokalisierbar, aber sie entsprechen in ihrem System dem der kommerziellen Repertoire-Bühnen des West Ends. Und nach den spezifischen Interessen von Marsh sind es vor allem Shakespeare-Dramen, in denen Opfer und Täter aufeinandertreffen. Im Roman »Der Handschuh« (1967), in dem es um eine wertvolle Antiquität aus dem Hause Shakespeare geht, lässt Marsh einen Regisseur und Dramatiker definieren, wie Theater sein sollte: »Nichts Ausgefallenes, nur gutes Theater, ohne sich an eine Schule, eine Methode oder Bewegung oder sonst was zu halten.« Auch die englischen Titel ihrer Romane lassen theatralische Assoziationen zu, wie zum Beispiel »Enter a Murderer« oder »Light Thickens«; letzteres ein Hinweis auf die Szene »Macbeth III,2« (vor dem Mord an Banquo); der deutsche Titel lautet dramatischer, weniger subtil-literarisch, aber vielleicht verkaufsfördernder: »Mord vor vollem Haus«.

Ihren Detektiv hat Marsh ebenfalls mit einem großen Interesse am Theater ausgestattet. Roderick Alleyn von Scotland Yard stammt aus adeligen Kreisen, wenn auch nicht aus dem Hochadel wie Lord Peter Wimsey. Er ist ein psychologisch erfahrener Kriminalist, ein Gentleman mit Oxford-

Background und – im Verlaufe der Romanserie – mit einer Künstlerin als Ehefrau. Da die Verbrechen, die er aufzuklären hat, sehr häufig in den Räumen eines Theaters verübt werden, kann man das gesamte *theatreland* als fiktiv kriminell infizierten Ort sehen. Insofern benötigt es nur die Phantasie des Theaterbesuchers, den Raum vor, auf oder hinter der Bühne als potenziellen Tatort wahrzunehmen, auch wenn er in der Realität natürlich meistens nur etwas im Parkett oder bei den Logen sehen könnte. Allein einem Detektiv wie Charles Paris, im eigentlichen Beruf Schauspieler, ist eine umfassendere Einsicht möglich. Weshalb ihn der Autor Simon Brett den ermittelnden Beamten hilf- und erfolgreich zur Seite stehen lässt. Und so können die Fälle in Romanen wie »Mord stand nicht im Textbuch« (1986) oder »Komödianten lachen laut und sterben leise« (1987) gelöst werden.

War die London-Tour bisher jeweils mehr oder weniger auf einen Stadtteil konzentriert, bietet eine neue Krimi-Serie die Möglichkeit, kreuz und quer durch die Metropole zu fahren. 2013 erschien der Kriminalroman »The Cuckoo's Calling«, geschrieben von dem bisher unbekannten Autor Robert Galbraith. Der Verkauf war mittelmäßig, aber das änderte sich sofort, als durch eine Indiskretion bekannt wurde, wer das Werk tatsächlich geschrieben hat. J. K. Rowling, durch die Millionenauflagen ihrer Harry-Potter-Romane prominent geworden, wollte noch einmal die Erfahrungen ihrer Anfangszeit als unbekannte Autorin machen, doch stattdessen kam bald wieder der Erfolg. Und die hohen Auflagen sorgten auch dafür, dass die BBC die einzelnen Bände – fünf sind es bisher – fürs Fernsehen adaptierte, wobei sie etliche der in den Romanen genannten Örtlichkeiten auch im TV zeigte. Und da Bücher und Filme nur mit einer knappen Zeitdifferenz erscheinen, überschneiden sich für das Publikum die verschiedenen Formen der Rezeption und intensivieren möglicherweise die Wahrnehmung.

Die Hauptfigur der Romane, Cormoran Strike, ein invalider Kriegsveteran, hat nach seiner Rückkehr aus Afghanistan eine Detektei gegründet. Für diese bringt er als früherer Ermittler der *Special Investigation Branch* (zugehörig der *Royal Military Police*) professionelle Erfahrungen und auch einige

Beziehungen mit, die ihm bei seiner Arbeit helfen. Eine wichtige Unterstützung ist auch seine Assistentin Robin, die von einer Aushilfskraft zur Partnerin in der Agentur wird. Strike hat sein Büro, das zugleich als Wohnung dient, mitten in London, in der *Denmark Street*, die von der *Charing Cross Road* abzweigt. Diese Straße mit dem Beinamen *Tin Pan Alley* war Epizentrum des Londoner Musiklebens. Heute gibt es hier zwar noch Geschäfte mit Instrumenten und Musikalien, doch es wird um den Erhalt der Straße gekämpft, da Immobilienfirmen Neubauten errichten wollen.

Anders als bei etlichen anderen »London-Krimis« ist die Arbeit des Ermittlerpaares nicht auf einen Stadtbezirk beschränkt – im Gegenteil. Ihre Recherchen führen sie nicht nur durch mehrere Stadtteile, sondern auch durch höchst unterschiedliche Milieus. Im ersten Roman »Der Ruf des Kuckucks« (2013) soll Strike den Tod eines Models im luxuriösen Mayfair aufklären, den dessen Adoptivbruder für Mord hält. Da die junge Frau in exklusiven Kreisen verkehrte, finden auch die Ermittlungen in teuren Lokalen statt wie dem *Cipriani* (jetzt: *C London*) in Mayfair, oder in teuren Wohngegenden wie der *Franklins Row* in Chelsea nahe dem *Sloane Square.* Dies war die »Heimat« der als *Sloane Rangers* in den 80er-Jahren bekannten vermögenden Jugend, zu deren prominentesten »Mitgliedern« Prinzessin Diana gehörte. Der Tatort im zweiten Roman »Der Seidenspinner« (2014) ist weniger vornehm, dafür aber künstlerisch wertvoll, denn immerhin spielt er im Literatenmilieu. In der stark befahrenen *Talgarth Road* (*Hammersmith*) stehen acht denkmalgeschützte Arts and Crafts-Reihenhäuser (gebaut 1891), von denen Rowling eines möglicherweise dem Mordopfer zueignete.

Im dritten Roman »Die Ernte des Bösen« (2016) treibt ein Serienkiller, bezeichnenderweise *Ripper* genannt, sein Unwesen, und das tut er in einer nur bedingt einladenden Gegend. Elephant and Castle, zu Southwark südlich der Themse gehörend, ist ein sozial problematischer Stadtteil, dessen Architektur viele Jahre von riesigen Appartmentblöcken bestimmt war, die vom »sozialen Wohnungsbau« errichtet wurden. Jene reißt man inzwischen ab, aber der Block, in dem der Killer wohnt, ist immer noch schäbig, was durch den Kontrast mit dem dahinter stehenden Wohnhochhaus *Strata Building* betont wird, das Anteil haben sollte an der Aufwertung des Bezirks. Immerhin ist es angeblich das erste Gebäude der Welt mit voll integrierten Windturbinen, für Designer aber so hässlich, dass es 2010 den *Carbuncle Cup* verliehen bekam als das hässlichste Gebäude im Vereinigten Königreich.

Die *Denmark Street* und das ziemlich schäbige Büro von Strike sind einerseits der Lebensmittelpunkt – seine Finanzen lassen anfangs nichts anderes zu – wie auch die Basis für die Arbeit seiner Detektei. Insofern sind die zahlreichen Besuche in zahlreichen Pubs nicht nur Grundlage der Ermittlungen, sondern natürlich auch eine Flucht aus privater Unbehaglichkeit. Und da Rowling darauf Wert gelegt hat, das London von Cormoran Strike mit vielen real existierenden *locations* zu präsentieren, kann der Leser auch eine Pub- und Restauranttour auf den Spuren des Detektivs unternehmen und dabei zugleich einen sozialen wie kulinarischen Querschnitt der Londoner Gastro-Szene erleben. Am häufigsten werden Kneipen nahe der *Denmark Street* aufgesucht. Dazu gehört *The Tottenham* (inzwischen: *Flying Horse*), das letzte noch auf der *Oxford Street* existierende *Alehouse*, schräg gegenüber der U-Bahn-Station *Tottenham Court*. Ein traditionsreiches Haus mit viktorianischen Bildern an den Wänden und mit der Mahagoni-Messing-Ausstattung, die englische Kneipen so attraktiv macht. *The Court* in der *Tottenham Court Road* sieht von außen gemütlicher aus als er innen ist, und die Speisekarte verheißt wenig Interessantes. Gleiches gilt für die Kneipen in Whitechapel, deren eine – *The Bell* (50 Middlesex City Street nahe Spitalfields Market) – damit wirbt, dass sie im »Jack the Ripper territory« ausschenkt. Anders ist es mit dem *Red Lion* in Mayfair, der, nahe St. James's und Piccadilly gelegen, zwar auch keine tolle Küche hat, aber ziemlich *posh* ist und die klassische Atmosphäre eines viktorianischen Pubs bietet für die Klientel aus Westminster. Wem es weniger um die Kulinarik und mehr um Historisches sowie Literarisches geht, besucht vielleicht *Ye Olde Cheshire Cheese* in der Fleet Street, der früheren »Zeitungsstraße«. Allerdings sollte man nicht unter Klaustrophobie leiden, denn die Räume in der Kneipe sind ziemlich eng und niedrig. 1666 nach dem Großen Brand wieder aufgebaut, war das Lokal während der Jahrhunderte angeblich immer ein Treffpunkt literarischer Größen

The Royal Courts of Justice

von Samuel Johnson über Charles Dickens bis Conan Doyle.

Sehr anders und sehr modern ist das Restaurant, wo Strike seinen sehr reichen Stiefbruder trifft: das *River Café* in Hammersmith, direkt an der Themse gelegen. Es hat einen Michelin-Stern und eine exzellente italienische Küche, die allerdings auch für Londoner Verhältnisse recht kostspielig ist. Nebenbei: Zu den Mitarbeitern gehörte auch einmal Jamie Oliver. Noch teurer ist die französische Küche im *Le Gavroche* in Mayfair, das erste Restaurant in London mit drei Michelin-Sternen (derzeit zwei); in dieses Restaurant wird Strike allerdings eingeladen. Auch wenn die genannten Lokalitäten keine Tatorte, sondern nur »Ermittlungsorte« sind, dürften Besuche auf den Spuren der Detektive hier besonders interessant und angenehm sein. Möglicherweise ist es Rowling bei der Recherche für ihre Bücher ähnlich ergangen.

Wenn man auf den Spuren literarischer Morde durch London wandert, ist es fast zwingend, zum Schluss jenen Ort aufzusuchen, an dem die Täter zur Rechenschaft

The Royal Courts of Justice
an der Straße *Strand* nahe dem *Temple*-Bezirk

gezogen und verurteilt werden. Mitten in der City Londons liegt der Gerichtsbezirk, eindrucksvoll repräsentiert durch die *Royal Courts of Justice*. Dieser Gebäudekomplex beherbergt den *High Court of Justice* (im weitesten Sinne zuständig für Zivilsachen) und den *Court of Appeal* (zuständig für Berufungsverhandlungen in Straf- und Zivilprozessen). Kaum irgendwo wird der Zusammenhang von Architektur und Macht so deutlich wie an diesem Justizgebäude, allerdings ist es die Macht des Gesetzes.

Schräg gegenüber dem Gebäude führt ein Torbogen zum Temple-Bezirk, wo die Kanzleien der Anwälte untergebracht sind. Verlässt man also die laute, verkehrsreiche *Fleet Street*, könnte man entspannt die fast kontemplative Ruhe genießen – sofern man nicht hier arbeitet oder juristischen Rat in schwieriger Lage suchen muss. Die vielen Kanzleien (*chambers*) sind in den teilweise sehr alten Gebäuden untergebracht, an deren Eingängen die Namen der Anwälte direkt auf die steinerne Umfassung gemalt wurden. Durch die Fenster kann man bis zur Decke reichende Akten- und Bücherregale erkennen, denn vor der Digitalisierung wurden alle Justizfälle in dickleibigen Bänden gesammelt, um als Präjudiz (*doctrine of precedent*) dienen zu können.

Vom *Temple* ist man in etwa 10 Minuten, wenn man am *Strand* und *Fleet Street* Richtung *St. Paul's Cathedral* geht, am *Central Criminal Court*, besser bekannt als *Old Bailey* (oder *Crown Court*). Dies ist der Strafgerichtshof, der sich mit schweren Delikten befasst wie Mord, Raub, Terrorismus oder Hochverrat, und in dessen Verhandlungen (immer vor 12 Geschworenen) bis 1965 auch Todesurteile verkündet wurden. Insofern ist er es, der die Justiz auch in Romanen repräsentiert, wenn nach erfolgreicher Detektivarbeit über fiktive Verbrecher und ihre Untaten geurteilt wird. Ursprünglich war das alte *Old Bailey* (benannt nach der Straße, an der das Gebäude liegt) nur ein Gerichtssaal. Dieser war an das berüchtigte *Newgate Prison* angebaut, was den Zusammenhang von Strafverkündigung und Strafvollzug deutlich machte. Im Laufe der Jahrhunderte wurde jedoch zunehmend Platz gebraucht, da nicht nur Delinquenten aus London der Prozess im *Old Bailey* gemacht wurde und die Menge der Zuschauer ebenfalls zunahm. Das imposante Gebäude mit tempelähnlichen Säulen an der Fassade wurde 1907 von König Edward VII. er-

öffnet. Es gibt 19 Gerichtssäle im *Crown Court*, von denen aber nur 18 für Prozesse genutzt werden, doch der berühmteste ist »Saal Nr. 1«, oder wie ein Zitat über ihn sagt: »Old Bailey Court No 1: Where justice is seen to be done.«

Vor allem Strafprozesse in *Old Bailey* entbehren nicht einer gewissen Dramatik. Das beginnt bei der vor Gericht verpflichtenden Amtstracht, bestehend aus schwarzer Robe und einer kurzen Perücke, die gewöhnlich aus Pferdehaar gefertigt wurde. Und das Theatralische wird noch gesteigert, wenn die Verhandlung in Court No 1 stattfindet. Zwar wirkt dieser Gerichtssaal mit seiner dunklen Holzverkleidung und der relativen Enge etwas bedrückend, er ist aber immer den bedeutendsten Prozessen vorbehalten. Die Anklagebank (*the dock*) befindet sich im Zentrum des Saales, in der die Angeklagten hinter einer Holzbalustrade sitzen. Zu den Angeklagten, die sich dort zu verantworten hatten, gehörten Serienmörder wie der »Yorkshire Ripper« Peter Sutcliffe und der Frauenmörder John Christie, aber auch der Penguin Verlag,

Bild des *Recorder of London* (ranghöchster Bezirksrichter) an Old Bailey und die Perücke eines Barrister

Nächste Doppelseite: Eingang zu einer Anwaltskanzlei (Chamber) im *Inner Temple*

Conflagratam
Richardo
4

o 1677
owell
Fabricatam
Armiger
Ano 1678
The saura.
4

angeklagt wegen der Veröffentlichung des angeblich unmoralischen Romans »Lady Chatterley« – der Verlag zumindest wurde freigesprochen. Ein prominenter Angeklagter wie der Bestsellerautor und Tory-Politiker Jeffrey Archer war enttäuscht, als sein Prozess nicht in diesem bedeutenden *Court Room* verhandelt wurde. Und die Anwältin Venetia Aldridge in P. D. James' Roman »Was gut und böse ist« (1997) wiederum zeigt sich höchst befriedigt, dass sie ihren Mandanten, einen wegen Mordes angeklagten jungen Mann, in diesem Saal verteidigen kann. Denn nur der scheint der sehr ehrgeizigen und sehr erfolgreichen, wenn auch leider sehr egozentrischen Juristin ihrem Wirken angemessen.

Das Düstere dieses Gerichtssaals evoziert James gewissermaßen zu Beginn des Romans mit der unheilvollen Vorstellung der Anwältin: »Als Venetia Aldridge sich [...] erhob, um die wichtigste Zeugin der Anklage [...] ins Kreuzverhör zu nehmen, hatte sie noch vier Wochen, vier Stunden und fünfzig Minuten zu leben.« Die Juristin wird ermordet aufgefunden, die Perücke schief aufgesetzt und mit Blut übergossen. Und das im Zentrum der Londoner Gerichtsbarkeit, im *Middle Temple*, einem der *Inns of Court*. Die englischen Anwälte, genauer die *Barrister*, die vor Gericht plädieren dürfen, sind seit dem Mittelalter in den vier Inns (Anwaltskammern) organisiert, die auch für die Ausbildung der Advokaten zuständig sind. Zwei dieser Inns (*Middle* und *Inner Temple*) liegen zwischen der Fleet Street und der Themse, gegenüber den *Royal Courts of Justice*; das Anwesen gehörte früher dem Templer-Orden, der hier sein englisches »Hauptquartier« hatte. An diese Vergangenheit erinnert noch die Kirche mit den im runden Kirchenschiff liegenden Ritterfiguren aus Marmor.

Ein sakraler Ort inmitten eines Areals, das den Vertretern von Recht und Gesetz eine Art Heimat bietet, bedeutet auch für jene eine Obligation, die sich nicht kirchlich gebunden fühlen. Der Mord in diesem Lebensbereich ist besonders verwerflich, da er das geheiligte Zentrum des Rechtswesens entweiht, wie James schreibt. Während Romane, die Verbrechen in einem Dorf schildern, auf den Kontrast von Idylle und Kriminalität setzen, geschieht bei P. D. James im urbanen Umfeld ein Mord dort, wo man noch einen der wenigen Orte des Friedens und des Rechts vermutet. Dies zeigt sie auch in dem Roman »Der Beigeschmack des Todes« (1986), als ein bedeutender Politiker in der Sakristei einer Kirche getötet wird.

Besonders dramatisch aber wird es, wenn ein Richter in dem »heiligen Gerichtsbezirk« ermordet wird, und das arrangiert Cyril Hare, selbst Jurist, auf interessante Weise in dem Roman »Tragödie im Gerichtssaal« (1942). Allerdings ist der Titel nicht sonderlich zutreffend, denn das Drama vollzieht sich gerade außerhalb des *Courts*. Richter Barber (Spitzname »Rasierer« wegen seiner unangenehmen Prozessführung) muss sich einmal im Jahr auf den *circuit* begeben, eine zeremonielle Rundreise durchs Land. Auf dieser Fahrt macht er Station in verschiedenen Provinzstädten, um dort Recht zu sprechen, was früher der König selbst tat. Während dieser traditionellen Veranstaltung wird der Richter mehrmals bedroht und muss unter polizeilichen Schutz gestellt werden. Zurück in London scheint es keine Probleme mehr zu geben, doch dann wird er beim Verlassen von *Old Bailey* erstochen – direkt neben seiner Frau. Die Lösung des Falles erfolgt auf typisch englische Weise nach den Prinzipien des *common law*, das auf der Anwendung von Präzedenzfällen beruht. Also ein idealer Roman für juristische Connaisseurs!

Freunde englischer Jurisprudenz, die obendrein Humoristisches schätzen, sollten zu den Romanen des ehemaligen *Barrister* und *Queen's Counsel* John Mortimer greifen. Dieser lässt den »Old Bailcy Hack« Horace Rumpole unerschrocken mit Witz, Klugheit und einer gewissen Unverfrorenheit, aber immer mit Erfolg vor dem Londoner Strafgerichtshof auftreten, denn nach eigener Aussage liebt er hoffnungslose Fälle, weil er die immer gewinnt. Und wenn er gerade unbeschäftigt ist, nutzt er die Zeit für rechtsphilosophische Betrachtungen. ‚So kommt er bei der Überlegung, warum es Gut und Böse geben muss zu dem Ergebnis, eine Welt ohne das Böse wäre langweilig und er arbeitslos. Zwar werden die Morde in Mortimers Roman nicht im Gerichtsbezirk verübt, aber abschließend scheint es sinnvoll, die englische Strafgerichtsbarkeit von einem als Juristen erfahrenen Autor informativ und mit Sinn für Ironie (Selbstironie eingeschlossen) darstellen zu lassen. Und es ist beruhigend zu wissen, dass die Gerechtigkeit siegt – immer! Immer?

Mörderische Alma Mater

Oxford und Cambridge

In England gibt es mehr als 100 Universitäten, dennoch sind es meistens die Lehranstalten von Oxford oder Cambridge, die in den Sinn kommen, wenn man an das akademische Leben auf der Insel denkt. Beide Hochschulen weisen viele Ähnlichkeiten, aber auch viele Unterschiede auf; die Gemeinsamkeiten jedoch sind so zahlreich, dass häufig von »Oxbridge« gesprochen wird, wenn man akademische Traditionen meint. Bei Sherlock Holmes heißt die fiktive Universitätsstadt übrigens »Camford«. Allerdings wurden diese Kombinationen erst Ende des 19. Jahrhunderts geprägt und gelten jenen, die dort ihre akademischen Weihen erhielten, als despektierlich. Gleichwohl gibt es wohl weder in Großbritannien noch auf dem Kontinent Universitäten, die ein derartiges Renommee besitzen wie Oxford und Cambridge. Beider Ursprung reicht weit ins Mittelalter und lässt sich teilweise auch noch an der Architektur der Colleges erkennen, von denen einige klösterlichen Charakter aufweisen wie zum Beispiel Kreuzgänge.

Für das außergewöhnliche Prestige gibt es etliche Ursachen – manche rational nachvollziehbar, manche so emotional wie die Sehnsucht nach Traumorten. Oxford ist von beiden Universitäten die ältere – Zeugnisse über das Lehren und Lernen dort reichen bis ins 12. Jahrhundert zurück. Cambridge wurde 1209 zur Universitätsstadt, als Studenten nach gewalttätigen Auseinandersetzungen mit Oxforder Bürgern 130 Kilometer in das Fenland im Osten wanderten, um dort unterrichtet zu werden. Die Streitigkeiten zwischen der Stadt (*town*) und den Akademikern (*gown*) haben deshalb in beiden Orten eine lange, nicht unproblematische Tradition.

Eine ähnlich lange Tradition hat auch die Rivalität zwischen den beiden akademischen Stätten selbst, die in verschiede-

Oxford: *Catte Street* mit *Radcliffe Camera* und *All Souls College*

nen Bereichen ihren Ausdruck findet. Sehr gerne wird die Statistik bemüht, die für Oxford 28, für Cambridge 14 Premierminister zählt, dagegen 72 Nobelpreisträger aus Oxford und 121 aus Cambridge. Jedes Jahr aber wird die Konkurrenz sportlich auf der Themse beim Rennen der »Ruder Achter« ausgefochten. Bisheriger Stand bei den Männern: Oxford 80 vs. Cambridge 85; bei den Frauen: 30 zu 45. Nebenbei: Es gibt auch einen Krimi, dessen Handlung während der Vorbereitung auf das Rennen spielt – geschrieben von Robert Egerton Swartwout, dem Steuermann des siegreichen Cambridge-Achters von 1930.

Aber es ist nicht unbedingt die jeweilige scheinbare statistische Überlegenheit, die junge Studenten und alte Alumni eine Anhänglichkeit an ihre Alma Mater fühlen lässt. Schon Mitte des 18. Jahrhunderts schrieb der Politiker Horace Walpole, damals ein *undergraduate* in Cambridge, an einen Freund: »I have been at Oxford; how could you possibly leave it? After seeing

Oxford: Hertford Bridge am Abend; oft »*Bridge of Sighs*« genannt, da Ähnlichkeit mit der Brücke in Venedig

that charming place, I can hardly ask you to come to Cambridge.« Mag dies auch ein eher gefühlsbetontes Urteil sein, so entspricht es doch vielen Äußerungen, die sich in Poesie und Prosa finden lassen. Mal sind es die *dreaming spires* Oxfords im Gedicht von Matthew Arnold, mal *the gentle flow of the River Cam* im Gedicht des chinesischen Absolventen Xu Zhimo.

Auch heute noch vermag ein Gang durch diese alten Städte jene Gefühle zu evozieren, die Generationen von jungen Studierenden wie älteren Wissenschaftlern nach Oxford oder Cambridge gezogen haben. Die Besichtigung der ehrwürdigen, historischen Gebäude, in denen Generationen wissbegieriger Menschen gedacht, geforscht, gelebt und natürlich auch gefeiert haben, lässt einen wünschen, Teil dieser Gemeinschaft gewesen zu sein. Der jeweilige Eindruck mag natürlich auch von der Tages- beziehungsweise der Jahreszeit abhängen. Morgens und nachmittags sind die Straßen voll von Radlern, im Weiden-

Cambridge: Rückseite des *Trinity College* am späten Abend

korb am Lenker die Unterlagen für die Vorlesung oder das Tutorium und manchmal umflattert von einem kurzen Talar. Abends und nachts beim Schlendern durch Gassen, die nur von musealen Laternen erhellt sind, an den alten Gemäuern vorbei, ist es dann mit etwas Phantasie noch leichter, sich in vergangene Zeiten, vergangene Leben und vielleicht vergangene Verbrechen zurückzuversetzen.

Eine Statistik zur Anzahl der Krimis, die in Oxford beziehungsweise in Cambridge spielen, lässt sich nur ungefähr erstellen. Doch die Krimi-Autorin Margaret Yorke legt sich in ihrem Essay »Oxford vs. Cambridge. The Dark Blues [Cambridge sind die »Hellblauen«] Have the Most« fest: In Oxford sind mehr *Mysteries* angesiedelt als in Cambridge. Als Gründe dafür nennt sie die unterschiedliche Lage und Struktur der Städte: Oxford sei ein betriebsamer Verkehrsknotenpunkt mit Industrie, dessen Colleges sich zumeist an verkehrsreichen Straßen befinden, Cambridge hingegen liege abgeschieden im Flachland der Fens und mit Colleges am ruhigen Ufer der Cam. In dieser Stadt unter weitem Himmel muss man sich nicht in die Phantasie flüchten, die den Autoren in Oxford unter einem grauen Himmel einen Ausweg aus akademischer Melancholie bietet. Doch trotz dieser lokalen Differenz weisen die Romane aus beiden Städten etliche Ähnlichkeiten auf.

Vorrangig haben fast alle Krimis einen unterschiedlich engen Bezug zu der jeweiligen Universität, genauer zu einem College, da die Hochschulen körperschaftlich organisiert sind und aus zahlreichen Colleges bestehen. In nahezu allen Romanen, die in dem sogenannten *Golden Age of Crime Fiction*, also etwa bis Ende des 2. Weltkrieges, über *Oxbridge* erschienen sind, ereignen sich die Verbrechen in einem College beziehungsweise stehen in unmittelbarem Zusammenhang mit diesem. Die Aufklärung wird meistens intern von einem Don oder einem Fellow, also einem Lehrenden betrieben, der über detektivische Fähigkeiten verfügt. Der Polizei kommt in diesen Fällen eher eine »Sidekick-Funktion« zu, sofern nicht ein Beamter ebenfalls ein Hochschulabsolvent ist.

Seit den 50er-Jahren des letzten Jahrhunderts begann zunehmend eine soziale Öffnung der Colleges, das heißt der Zugang zu *Oxbridge* wurde auch für die Abgänger staatlicher Schulen einfacher und blieb nicht mehr im Wesentlichen denen der *Public Schools* vorbehalten. Eine Tatsache aber lässt sich für die meisten Universitätsromane unabhängig von ihrer Entstehungszeit festhalten: Fast alle Autoren und Autorinnen sind Absolventen der beiden Universitäten oder waren zumindest in irgendeiner Funktion dort tätig. Und ebenso gilt in der Regel, dass zwar Oxford oder Cambridge mit ihren Straßen, Gebäuden und Colleges erkennbar dargestellt und benannt werden, jedoch meistens das jeweils im Mittelpunkt des kriminellen Geschehens stehende College einen fiktiven Namen erhält – vielleicht eine Rücksicht der Autoren auf ihre eigene »Alma Mater« und die Sorge vor juristischen Konsequenzen.

Natürlich gibt es auch zahlreiche Universitätsromane, in denen keine Verbrechen geschehen, aber die sind gemeinhin nicht so spannend. Es sei denn, Evelyn Waugh feiert ein »Wiedersehen mit Brideshead« oder Max Beerbohm lässt zahlreiche Studenten die verführerische »Suleika Dobson« umschwärmen. Mag es auch erstaunen, dass derart viele *Oxonians* nicht nur begeisterte Krimi-Leser, sondern ebenfalls begeisterte Krimi-Autoren sind, so ergibt sich eine Erklärung aus der kombinierenden Intellektualität dieser Romane. Und lange wurde auch die Vorstellung aufrechterhalten von Oxford und Cambridge als akademischen Inseln der elitären Abgeschiedenheit, deren Frieden kurzzeitig durch die Brutalität eines Verbrechens gestört, aber von einem intellektuell gleichrangigen Kriminalisten wiederhergestellt wird. Oder wie es auch heißt: Ein akademischer Mörder verlangt nach einem akademischen Detektiv. Der Schriftsteller W. H. Auden hat noch eine andere These, warum der Schauplatz so vieler Detektivromane eine Universität ist. Der ideale Professor hat idealerweise nur eine Leidenschaft: das Streben nach Wissen, was eine intensivere Beziehung zu anderen menschlichen Wesen einschränkt. Und damit sind die »normalen« Leidenschaften wie Sinnenlust, Geiz oder Gier, die Menschen miteinander in Verbindung bringen, eigentlich ausgeschlossen, was – nach Auden – bedeutet, dass Wissenschaftler nicht morden. Wenn dennoch an der Universität ein Mord geschieht, so ist das ein Zeichen dafür, dass der Professor nicht nur ein schlechter Mensch, sondern auch ein schlechter Wissenschaftler ist. Quod erit demonstrandum – oder auch nicht!

Nächste Doppelseite
Oxford: Blick vom Turm der Universitätskirche *St. Mary the Virgin* auf das *Hertford College*

Übernächste Doppelseite
Cambridge: *Queen's College* an der Cam mit der *Mathematical Bridge* (erbaut 1749)

Beginnen wir nun unseren Rundgang auf den Spuren akademischer Verbrechen in Oxford, hinter dessen alten Mauern so viele Morde geschehen, dass dafür in Abwandlung der bereits zitierten Gedichtzeile der Satz »city of bleeding spires« geprägt wurde. Da die meisten Colleges mitten in der Stadt in einem Bereich errichtet wurden, der nur etwa zwei km umfasst, ist die strikte Abfolge einer Stadtführung verzichtbar. Als Begrenzung sei skizzenhaft notiert: im Westen die *Woodstock Road* über *St. Aldate's* bis zur Themse im Süden und im Osten am *River Cherwell* entlang ebenfalls bis zur Themse, dazwischen in der Mitte als eine Art Zentrum die *Broad Street* und *High Street* von West nach Ost. Auf dem etwas mäandernden Weg des Rundgangs werden auch die wichtigsten akademischen Gebäude zu sehen sein.

Besonders beliebt in »klassischen« Krimis ist die sogenannte *closed circle of suspects*-Situation, bei der alle Verdächtigen auf engem Raum zusammenleben und der Ermittler scheinbar leichtes Spiel hat. Ein College bietet genau diese Örtlichkeit, und John Cecil Masterman nutzt sie für seinen Roman »Das Oxford Komplott« (1933), dessen englischer Titel »An Oxford Tragedy« dem Inhalt besser gerecht wird. Die Biographie des Autors macht seine enge Beziehung zu Oxford, aber auch seine Erfahrungen im »kriminalistischen Geschäft« deutlich. Im 2. Weltkrieg war er Geheimdienstoffizier und zuständig für Doppelagenten, dabei mit Ian Fleming zusammenarbeitend. In seinem Roman beschreibt Masterman aus der Sicht eines Professors das friedlich-genussvolle Leben im fiktiven *St. Thomas College*, bis ein Verbrechen zumindest für kurze Zeit alles ändert.

Als Gast ist Professor Brendel aus Wien anwesend, ein Jurist und erfahrener Kriminologe. Besonders beeindruckt ist er von der Schönheit des alten Speisesaals, dessen *interior* bis zum 16. Jahrhundert zurückgeht. Diese Datierung lässt darauf schließen, dass Masterman hier die *hall* von *Christ Church* beschreibt – die übrigens in Harry Potter-Filmen zu neuem Ruhm gelangte. Für das Wohlbehagen der Lehrenden gibt es den *common room*, in den sich diese nach dem Dinner zum Gespräch und vor allem zu Portwein, Kaffee und einer guten Zigarre zurückziehen. Und dabei hören sie interessiert den Ausführungen des österreichischen Kollegen zu, der sich zur »Würde des Mordes« äußert. Er meint, wenn man die

Oxford: *Balliol College* – die *Hall* mit dem *High Table*

DOMINE DEVS IN MEN TES NOS TRAS

nachlässigen Morde, die modernen Blutbäder nicht beachtet, bleiben jene großartigen Morde übrig, die es wert sind, untersucht zu werden. Der Professor sieht sich herausgefordert, als die Harmonie des Abends zerstört wird durch die Nachricht, ein Professor (allerdings ein extrem unbeliebter) sei im Zimmer des Dekans ermordet worden. Nun dürfen auch unbeliebte Zeitgenossen nicht einfach ermordet werden, und deshalb hilft Professor Brendel der Oxforder Polizei und dem College bei den Ermittlungen.

1878 geschah aus Sicht der an jahrhundertealte Traditionen gewöhnten Professoren und Studenten etwas Schockierendes: Ein College für Frauen wurde gegründet – *Lady Margaret Hall* am Ufer des *Cherwell*! Ein Jahr darauf dann *Somerville*, und bis zum Ende des 19. Jahrhunderts noch *St. Hugh* und *St. Hilda's*. 1935 erschienen Bücher von MAVIS DORIEL HAY und DOROTHY L. SAYERS, die Einblick gewähren in die Welt weiblicher Akademiker. Auch wenn die jeweiligen College-Schauplätze fiktive Namen haben, so dürften deren Vorbilder jene Lehranstalten sein, in denen die Autorinnen selbst studiert haben. MAVIS DORIEL HAY nennt in ihrem Roman »Death on the Cherwell« (1935) das College *Persephone* – Ähnlichkeiten mit dem von ihr besuchten *St. Hilda's* sind unübersehbar; *St. Hilda's* liegt im Osten etwas außerhalb der Stadt und jenseits des Flusses, gegenüber dem Botanischen Garten und mit Blick auf den Turm von Magdalen. In Oxford wie in Cambridge wurden die Frauencolleges nämlich bei ihrer Gründung an den Rand der Städte verbannt.

Im Roman von Hay sitzen an einem kalten Januarnachmittag fünf junge Frauen auf dem Dach des zum College gehörigen Bootshauses am Cherwell und wollen eine Gesellschaft gründen. Plötzlich sehen sie ein Kanu vorübertreiben, in dem die nicht sonderlich beliebte Schatzmeisterin des Colleges liegt – ermordet. Und so beschließen die jungen Damen, den Mörder zu überführen. Während die Studentinnen ermitteln, ist die Prinzipalin in großer Sorge um das Ansehen des Colleges, denn immer noch ist die Reputation von studierenden Frauen zu der Zeit Anfeindungen ausgesetzt. Das zeigt sich auch in der abschätzigen Bezeichnung *undergraduettes*, mit der man sich abfällig über Studentinnen äußert. Die *undergraduates* von *Persephone* aber sind clever und den Detektiven immer voraus.

Die Probleme, mit denen Akademikerinnen noch Mitte der 30er-Jahre in England zu kämpfen hatten, schildert der spätere *Poet Laureate* John Betjeman 1938 indirekt in einem Buch, in dem er sich über weibliche Dons lustig macht. Zwar gäbe es immer Streitigkeiten unter den Professoren, aber in ihrer Abneigung gegen Frauen als Lehrende sind sich alle einig. Diese seien zu gewissenhaft und genau, wären außerordentlich kompetent, besäßen *first class brains* und ließen sich bei Examina nicht durch charmante Witzeleien des Prüflings ablenken. 1938 stellte Betjeman immer noch die Frage, ob Frauen die gleichen Rechte wie Männer an der Universität haben dürften. Da Betjeman allerdings mehrfach Examen nicht bestanden hatte und deshalb Oxford ohne Abschluss verlassen musste, rühren seine Ressentiments vielleicht daher.

Die exzellente Studentin Dorothy L. Sayers hatte diese Probleme nicht, sie schloss ihr Studium 1915 am *Somerville College* mit einem *first class degree* ab. Doch da Frauen zu dem Zeitpunkt noch nicht das Recht auf Graduierung hatten, erhielt sie die Urkunde erst einige Jahre später. Diese kränkende Erfahrung ist auch in ihrem Roman »Aufruhr in Oxford« (1935) zu erkennen, der mysteriöse Ereignisse im Zusammenhang mit der jährlichen *gaudy night*, dem Wiedersehensfest der Alumni beschreibt. Das Treffen findet im *Shrewsbury College* statt, das erkennbar nach dem Vorbild von Sayers' College *Somerville* gestaltet wurde. Nur hatte sie es auf den Cricket Platz des *Balliol College* versetzt, der Ausbildungsstätte ihres Detektivs Lord

Oxford: Gasthaus *The Mitre* in der *High Street*, wo schon Lord Peter Wimsey nächtigte

19 A D 03

Wimsey. Dieser soll der Krimi-Autorin Harriet Vane helfen, die ihrerseits von ihrem College zur Hilfe gerufen wurde, da sich dort unheimlich-gefährliche Dinge ereignen. Natürlich kann Wimsey nicht im College wohnen, also bezieht er ein Zimmer im Gasthaus *The Mitre,* einer alten Poststation aus dem 16. Jahrhundert an der *High Street*. Das Haus, unter Denkmalschutz stehend, gehört dem *Lincoln College* und soll umgebaut werden. Eigentlich braucht ein richtiger Krimi ein richtiges Kapitalverbrechen, und das ist in der Regel Mord. Der geschieht zwar nicht in diesem Roman von Sayers, doch immerhin gibt es in *Shrewsbury* einen Beinahe-Selbstmord und einen Beinahe-Mord. Das zentrale Motiv aber ist im weitesten Sinne die Gleichberechtigung der Frau an der Universität.

Das *Somerville College* liegt an der *Woodstock Road* im Norden Oxfords; zur Zeit seiner Gründung etwas isoliert, ist es jetzt an die Mitte der Stadt herangerückt. Wenn man das College durch den Torbogen betritt, erkennt man einiges wieder, das auch von Sayers beschrieben wird. Noch genauere Einblicke sind natürlich möglich, falls man in der Ferienzeit der Studenten ein Zimmer im College bucht.

Oxford: *Somerville College*,
der Studienort von Dorothy L. Sayers

Nächste Doppelseite
Oxford: *Christ Church College*
und *War Memorial Gardens*

Neben Sayers hat diese universitäre Institution noch viele andere Absolventinnen, die später in verschiedenen Lebensbereichen außerordentlich erfolgreich wurden – von den Politikerinnen Margaret Thatcher und Indira Gandhi bis zur Nobelpreisträgerin für Chemie Dorothy Hodgkin. Seit 1994 nimmt *Somerville* auch junge Männer auf, die wie junge Frauen für ihre Zukunft auf jene Aussage setzen, mit der das College seine Bildungsziele unterstreicht: »If you want to change the world, come to Somerville.«

1936 erscheint wieder der Krimi eines Oxford Dons, der die *donnish mysteries* um einen *locked room*-Roman erweitert. Unter dem Pseudonym Michael Innes veröffentlicht der Schotte John Innes Mackintosh Stewart das Buch »Death at the President's Lodging« (1937), das 50 Jahre später auf Deutsch unter dem Titel »Zuviel Licht im Dunkel« erscheint. Stewart hatte in Oxford studiert und war nach einem längeren Auslandsaufenthalt nach Oxford ans *Christ Church College* als Lehrender zurückgekommen. Bereits die Einleitung des Romans macht deutlich, dass Innes das »Krimi-Genre« nicht allzu ernst nimmt, wenn er schreibt: »Die gestandenen Akademiker der Colleges von Cambridge und Oxford zählen zweifelsohne zu den moralischsten und vernünftigsten Menschen, die es gibt. Sie tun nichts Abwegiges.« Und dann zitiert er noch Dr. Johnson, der gesagt habe, das Leben eines Akademikers berge kein großes Risiko, auf außergewöhnliche Weise zu Tode zu kommen. Beide Feststellungen sind – natürlich – falsch, andernfalls wäre das Krimi-Aufkommen in Oxbridge höchst dürftig! Interessanter ist ein anderer Roman von Innes, in dem er für die Ermittlungen einen Ort nutzt, der gewissermaßen das Herz, zumindest aber das Hirn der Universitätsstadt Oxford darstellt: die *Bodleian Library*. In dem Roman »Operation Pax« (1951) vermisst die Schwester des ermittelnden Inspektors ihren Verlobten, einen herausragenden jungen Wissenschaftler. Sie ist Studentin am *Somerville College* und bei ihrer Suche erfährt sie, dass er in einem angeblichen Sanatorium eine verbrecherische Gruppe mit wissenschaftlichen Ambitionen befehligt. Dieser wurde eine wichtige Formel gestohlen, deren Niederschrift der Dieb in einem Buch der

Oxford: Haupteingang der *Bodleian Library*
mit den Wappen verschiedener Colleges auf dem alten Holztor

Nächste Doppelseite Oxford: Kuppel der *Radcliffe Camera* (Teil der *Bodleian Library*) mit der Kirche *St. Mary the Virgin* im Hintergrund; die Pläne für diese Bibliothek entwarf Nicholas Hawksmoor.

Bodleian versteckte. Nun beginnt eine wilde Verfolgungsjagd in den Katakomben der Bibliothek, bei der die riesigen Regale unheimliche Hindernisse bilden. Zum Schluss stürzt der Verbrecher aus großer Höhe hinab, und die akademische Welt ist gerettet.

Für die Freunde der *Bodleian*, die nur die alten Lesesäle kennen, in denen Generationen von Studierenden arbeiteten, sind die Kellergewölbe fremdes Terrain und besonders unheimlich. Ohne diese Magazine jedoch könnte »*the Bod*«, wie sie knapp genannt wird, gar nicht existieren. Ihre Geschichte geht bis ins 14. Jahrhundert zurück, doch ihre eigentliche Gestalt verdankt sie dem elisabethanischen Diplomaten Thomas Bodley Anfang des 17. Jahrhunderts. Dieser sorgte durch entsprechende Verträge dafür, dass jedes in England erschienene Buch an diese Bibliothek geliefert wurde. Daraus ergab sich später die Abgabe des sogenannten Pflichtexemplars, des *legal deposit*. Die riesige Menge an Büchern, die ständig eintrifft (derzeit etwa 1000 am Tag), machte seit der Gründung eine fortwährende Erweiterung notwendig. Und so wurde beispielsweise zwischen 1909 und 1912 unterhalb des *Radcliffe Squares* Platz geschaffen für neue Magazine und neuartige Regalanlagen, in denen sich dank phantasievoller Autoren auch Verbrecher tummeln. Doch bleibt festzuhalten, dass es die alten Räume mit noch älteren Büchern, mit dem Geruch von Ledereinbänden und staubigen Regalen sind, die den Benutzern und Besuchern ein Gefühl für wissenschaftliches Arbeiten während vieler Jahrhunderte vermitteln. Und einer der schönsten Orte für Buchliebhaber ist sicherlich die *Duke Humphrey's Library*, in der die wertvollsten Besitztümer der *Bodleian* eingesehen werden können.

In den Kellergewölben unterhalb des *Radcliffe Square* ermittelt auch ein weiterer Scotland Yard Inspektor, der einen Fall von Bücherschändungen aufklären soll, dann aber mit zwei Morden konfrontiert wird. Diese ereignen sich wieder in einem College, und wieder sind es die Dons, die unter Verdacht stehen. ROBERT ROBINSON, Absolvent des *Exeter College*, steht mit seinem Roman »Die toten Professoren« noch in der Tradition der »Golden Age Krimis«, auch wenn sein Buch erst 1956 erschienen ist. Zu jener Überlieferung gehört auch, dass die dargestellte akademische Welt von *dons, death and detection* eine nicht unbeträchtliche Exzentrik aufweist, die sich in der sozialen Welt anderer Kriminalromane nicht findet. Der Rektor eines Colleges, dessen reales Pendant nicht genau auszumachen ist, wurde auf dem Dach des Hauses ermordet und seine Leiche neben den steinernen Figuren so aufgerichtet, dass sie selbst zu einer solchen zu werden schien. Kurz darauf geschieht ein weiterer Mord.

Ein nicht geringer Teil der Ermittlungen des Scotland Yard-Beamten findet wieder einmal im *common room* statt. Dessen typische Behaglichkeit würdigt Robinson besonders, wenn er über den delikaten Zustand des Kriminalisten schreibt: »Er durchlief eben jene halluzinatorische Phase nach dem Abendessen, die die meisten Besucher in einem *Senior Common Room* befällt und in der das Opfer das Leben eines College-Dons als das einzig erstrebenswerte auf Erden empfindet.« Dieses Gefühl ist in vielen der *donnish mysteries* die Grundierung der Texte, die sie für ein nicht-universitäres Publikum besonders interessant macht. Weniger gemütlich ist die Schlussphase des Romans, in der eine der wildesten und skurrilsten Verfolgungen der Literatur beschrieben wird. Der professorale Mörder wird am Fluss Cherwell in der »Nacktbadeabteilung« für Männer auf dem *Parson's Pleasure* gestellt und flüchtet. Die anderen Nackten verfolgen den Täter in einer wilden Jagd durch die Stadt, bis dieser zum Schluss vor dem *Hotel Randolph* gestellt und verhaftet wird. W. H. Auden hätte sich in seiner Meinung über kriminelle Akademiker bestätigt gefühlt!

Die meisten in Oxford spielenden Kriminalromane der Zwischenkriegszeit und während einiger Jahre danach zeichnen die Geschehnisse und die darin verwickelten Helden häufig mit einem skurrilen Humor, der nicht selten groteske Züge trägt. Doch diese spezifische »Oxford-Realität« ändert sich, als ein neuer Inspektor die Kriminalität der Universitätsstadt bekämpfen soll. 1975 erscheint »Der letzte Bus nach Woodstock«, der erste Roman von COLIN DEXTER, in dem Inspektor Morse und dessen Sidekick Lewis erfolgreich für die Sicherheit der Bürger von Oxford sorgen. Trotz der zahlreichen »Oxford-Krimis« waren es erst die Bücher von Dexter, die Oxford nicht nur als Universitätsstadt, sondern als Stadt mit einer eigenen Identität auf die »kriminalistische« Landkarte brachten. Dazu trugen natürlich in besonderem Maße die Fernsehverfilmungen bei, die von dem häufig griesgrämigen, Kreuzworträtsel lösenden Musikliebhaber Chief Inspector Morse und seinem durch die Zusammenarbeit manchmal leidgeprüften Sergeant Lewis geprägt wurden. John Thaw und Kevin Whately waren die Hauptdarsteller in dieser TV-Serie, die nicht nur in Großbritannien zu den beliebtesten gehörte. Wegen dieses Erfolges bekam Lewis, inzwischen befördert, ab 2006 eine eigene Serie. Und während schon die Bücher internationale Bestseller waren (und immer noch sind), ist es nicht zuletzt die Visualisierung der Universitätsstadt, die Touristen nach Oxford reisen lässt. Die allerdings zieht es – sofern sie nicht länger bleiben – weniger in den Norden nach Jericho, dem inzwischen angesagten Szeneviertel, oder nach Summertown, wo die mehr oder minder eleganten Villen der Professoren stehen. Doch wer die Spuren der von Dexter erzählten Morde verfolgt, sollte auch diese Stadtteile aufsuchen, denn er sieht dabei etwas von der Lebenswelt des Autors, der dort wohnte.

Dexter ist so realistisch, dass er um die Bedeutung jener *locations* weiß, die sich um die *High Street* und *St. Giles* und damit um die Colleges gruppieren. Denn die sind immer noch – trotz der Vororte und der industriellen Anlagen – das eigentliche Oxford für jene, die nur Besucher sind. Und auch Inspektor Morse, der wegen einer unerfüllten Liebe sein Studium der klassischen Sprachen am *St. John's College* in Oxford abbrach, hegte eine erfüllte Liebe für die Stadt, wie es in dem letzten der Romane »Und kurz ist unser Leben« (englisch »The Remorseful Day«, 1999) heißt. In diesem lässt Dexter seinen Protagonisten sterben. Vorher aber wird Morse in 12 Romanen und 33 Fernsehfolgen Morde in und um Oxford aufklären. Und das geschieht von der Polizeizentrale in *Kidlington* im Norden Oxfords aus wie auch in Zusammenarbeit mit dem Revier *St. Aldate's* im Süden.

Fast alle Verbrechen haben einen engen oder weiteren Bezug zu der Universität, und das meint zu den Angehörigen eines Colleges. Bereits im ersten Roman »Der letzte Bus nach Woodstock« (1975) ist ein Professor involviert, der im Verdacht steht, eine junge Frau auf dem Parkplatz des Pubs *The Black Prince* ermordet zu haben (Woodstock, 2 Manor Rd). Auch wenn die Ermittlungen im Norden Oxfords (*Summertown*) und in Woodstock in der Nähe des *Blenheim Palace* angestellt werden, führen sie doch immer zum College zurück.

Oxford: *Police Station* auf *St. Aldate's*
direkt gegenüber dem *Crown Court*, zuständig für Schwerverbrechen

So wichtig auch die universitäre Umgebung bei den Ermittlungen von Morse ist, so wichtig sind auch die zahlreichen Pubs, die Morse häufig in Begleitung von Lewis besucht und die – anders als die Colleges – in der Realität zu finden sind. Einige gute *pints* helfen dem Inspektor nicht selten, im Gespräch mit Lewis mögliche Lösungen zu bedenken. Morse dürfte wohl nahezu jedes Pub in und um Oxford kennen, doch hier sollen nur einige typische für die englische Pub-Kultur genannt werden. Wir beginnen im Zentrum, wo er besonders gerne und besonders häufig das *White Horse* (52 *Broad Street*) aufsucht; vielleicht trägt zu dessen Attraktivität auch die direkte Nachbarschaft zu Oxfords größter Buchhandlung *Blackwell's* bei. Denn Morse liest viel und vielfältig, und für Menschen wie ihn gibt es im *basement* von *Blackwell's* den *Norrington Room*, früher der größte Verkaufsraum für Bücher in Europa.

Von hier aus ist es nicht weit bis zur *Turf Tavern*, die aber ziemlich schwer zu finden ist. Tritt man aus dem Buchladen auf die Straße, wendet man sich nach links, geht geradeaus in die *Holywell Street*, und muss dann sehr genau aufpassen, die kleine Passage zur Rechten nicht zu übersehen. Nicht ohne Grund gilt jene aus dem Mittelalter stammende Kneipe als die verborgenste in Oxford – und als die niedrigste, was große Menschen leidvoll erfahren müssen, wenn sie sich nicht permanent bücken. Zwei Pubs beziehungsweise Bars sollen noch genannt werden, von denen die eine nicht nur für Morse eine Rolle spielt. Geht man die *Broad Street* bis zu ihrem Ende zurück und wendet sich dann nach rechts, ist man bald auf *St. Giles*, und dort erreicht man nach etwa 200 Metern auf der linken Seite das *Eagles and Child* oder – wie es bei Morse heißt – *Bird and Baby*. Dorthin geht man aber nicht wegen der Küche, denn es gibt nur den traditionellen *Pub Grub* wie *Toad in the Hole* – ein Gericht, das besser schmeckt, als die »Kröte im Loch« vermuten lässt. Man geht in dieses Lokal, weil man an einem Ort trinken möchte, wo sich berühmte Literaten, die sogenannten *Inklings*, trafen, von denen

Oxford: *The Randolph Hotel* mit der *Morse Bar*

die berühmtesten J. R. R. Tolkien und C. S. Lewis waren. Wenn man jetzt *St. Giles* zurückgeht bis zur Einmündung der *Beaumont Street*, sieht man rechts das *Ashmolean Museum*, das auch die Kulisse für Kriminelles bei Morse und später bei Lewis abgibt. Gegenüber dann das *Randolph Hotel*, ein Fünf-Sterne-Haus, in dem Dexter eine Frau sterben lässt, wenn auch nicht durch einen Mord – der kommt später (»Tod für Don Juan«, 1994). Aber das ist für Touristen, die zuweilen nach dem vermeintlichen Mord-Zimmer fragen, merkwürdig attraktiv, und attraktiv ist für diese auch die Bar, in der Morse regelmäßig seinen Drink nimmt und Dexter selbst häufig zu finden war, weshalb das Hotel sie in *Morse Bar* umbenannte. Fast noch besser als die Drinks in der Bar ist der Afternoon Tea, bei dem die *clotted cream* immer nachgereicht wird. Danach allerdings braucht man mindestens einen Whisky – natürlich in der Bar!

Getrunken wird in Oxford allerdings nicht nur in Bars und Pubs. Wer als Erstsemester an die Universität kommt, hat abgesehen von seinen »Belegverpflichtungen« noch andere Angebote wahrzunehmen, nämlich die von zahlreichen Clubs und *Societies*. Das beginnt bei Sportvereinen (*Quidditch Club* à la Harry Potter), Orchestern, Chören und Theatergruppen; dann gibt es Clubs, in denen sich verschiedene Nationen zusammenfinden oder *Debating Clubs* wie die 1823 gegründete *Oxford Union*. Mögen die meisten Clubs in irgendeiner Form die intellektuelle oder sportliche Weiterentwicklung ihrer Mitglieder fördern, so gibt es einen, dessen Angehörige sich vornehmlich dem *dining* und *drinking* widmen. Der *Bullingdon Club*, angeblich Ende des 18. Jahrhunderts als Jagd- und Cricketclub gegründet, entwickelte sich im Laufe der Jahre zu einem Zusammenschluss junger Männer aus reichen, häufig adeligen Familien. Deren Hauptbeschäftigung bestand darin, exzessiv zu trinken, zu essen und anschließend wie Vandalen das Restaurant zu zerlegen; ein Zeitgenosse fasst ihre Ziele kurz zusammen als »drinking and destruction«. Der entstandene Schaden wurde dann mit gönnerhafter Geste – nicht selten in bar – beglichen. Evelyn Waugh, der vielleicht gerne in diesen Club, von ihm »Bollinger« genannt, aufgenommen worden wäre, beschreibt die einstigen Mitglieder eines Treffens in seinem ersten Roman »Auf der schiefen Ebene« (»Decline and Fall«, 1928) ziemlich sarkastisch. Es wären epileptische königliche Hoheiten aus ihren Exilen herbeigeeilt, hochadelige Sonderlinge von ihren Landsitzen und ehrgeizige Mitglieder der konservativen Partei. Von letzteren sind es gegenwärtig zwei, deren Mitgliedschaft in diesem Verein ihrer Reputation nur in Maßen förderlich war: David Cameron und Boris Johnson.

Antonia Fraser, die prominente Historikerin und Oxford-Absolventin, weist diesem Verein in ihrem Roman »Blaues Blut ist nicht alles« (Originaltitel: »Oxford Blood«, 1985) eine wichtige Rolle zu. Bei ihr heißt er »Nobilitas Maxima«, was seinen elitären Anspruch noch deutlicher macht. Eine TV-Journalistin mit detektivischen Fähigkeiten soll einen Film drehen über die »goldene Jugend« Oxfords, die *»overprivileged undergraduates«*, wie es heißt. Ein junger Lord aus diesem Verein engagiert sie als Bodyguard, da es Drohungen gibt und einige Tote ringsum. Die Ursachen liegen wie fast immer in der Vergangenheit, wie fast immer geht es um Liebe und andere Leidenschaften, und erneut ist ein Professor involviert. Natürlich sind die dargestellten Colleges fiktiv und andere Orte ebenfalls; das Hotel Randolph erscheint als *»Martyr«*, was naheliegt, da das echte Hotel gegenüber dem Märtyrer Denkmal steht. Am Schluss des Buches feiert ein College sein Stiftungsfest, an dessen Ende viele junge Menschen nach reichlichem Alkoholgenuss wie tot auf dem Rasen liegen, darunter auch ein Professor, doch der ist wirklich tot

Die Gefahren, die auf Professoren in Oxford lauern, werden nicht unbedingt geringer, wenn sie als Ermittler tätig sind. Das muss auch ein Don in dem Roman »Die Oxford-Morde« (2003) von Guillermo Martínez, einem argentinischen Mathematiker, erfahren. Dieser lebte für seine Studien einige Zeit in der Universitätsstadt, und er lässt seine wissenschaftlichen Erkenntnisse nicht nur in seine Doktorarbeit, sondern auch in zwei Kriminalromane einfließen. Professor Seldom, der akademische Detektiv, ist ein Mathematiker und Spezialist für logische Systeme. Ein junger *postdoc* aus Argentinien, der im *St. Anne College* forscht, fungiert als sein »Watson« bei der Suche nach einem Killer, welcher mit der Reihung von mathematischen Symbolen die Serie seiner Morde ankündigt. Dass dabei der Leser auch die Heisenbergsche Unschärferelation, den Gödelschen Unvollständigkeitssatz und Theoreme des Philosophen Wittgenstein kennenlernt, macht diesen Roman vor allem für mathematische Connaisseurs interessant. Der ermittelnde Professor Seldom, im gleichnamigen Film gespielt von John Hurt, entschlüsselt endlich die Abfolge der Symbole und präsentiert den Täter. Ein Mörder, der seine Untaten hinter mathematischen Symbolen zu verbergen sucht, ist vielleicht nur in Oxford zu denken – und vielleicht noch in Cambridge! Übrigens: In beiden Städten gibt es eine *Mathematical Bridge*; in Cambridge 1749 errichtet, in Oxford als Replica 1923.

Für Leser, die weniger an Mathematik als an Literatur interessiert sind, hat Martínez einen weiteren Roman verfasst, in dessen Mittelpunkt einer der berühmtesten Autoren Oxfords steht – Lewis Carroll. Doch auch in dem Buch »Der Fall Alice im Wunderland« (2020) werden mathematisch-logische Verfahren bemüht, um Verbrechen aufzuklären, denn manche Morde in der Universitätsstadt haben durchaus einen intellektuellen Touch, dem der Detektiv gerecht werden muss. Wieder ist es Professor Seldom mit seinem argentinischen Adlatus, der gebeten wird, mysteriöse Ereignisse zu enträtseln, die erneut eine merkwürdige Serialität aufweisen. Dieses Mal ist es die »Lewis Carroll Bruderschaft«, die mit gravierenden Problemen konfrontiert ist, denn die Andeutungen beziehen sich auf ihren Namensgeber. Lewis Carroll, eigentlich Charles Lutwidge Dodgson, wurde nach seinem Studium am *Christ Church College* dort als Tutor für Mathematik angestellt. Doch sind es nicht die mathematischen Bücher, die seinen außergewöhnlichen Ruf begründen. Er konnte sehr phantasievoll erzählen und begeisterte damit die Töchter des Deans von *Christ Church* – darunter die kleine Alice –, die ihn drängten, diese Erzählungen doch aufzuschreiben. So entstand das berühmte Kinderbuch »Alice im Wunderland« und später die Fortsetzung »Alice hinter den Spiegeln«. Die Beziehung zu den Kindern war sehr eng – so eng, dass Carroll, der auch ein exzellenter Fotograf war, die Mädchen und deren Freundinnen in Posen und Outfits fotografieren durfte, die heutzutage vermutlich strafrechtliche Konsequenzen hätten.

Und mehr als hundert Jahre später muss die »Carroll Bruderschaft« befürchten, mit diesen Bildern, die ein Anonymus verschickt, kompromittiert zu werden.

Die Vereinigung trifft sich immer in *Christ Church*, was natürlich naheliegt, da an diesem Ort die Erinnerung an Carroll wachgehalten wird. Für den jungen Argentinier sind die Besuche in dem traditionsreichen College sehr beeindruckend, und er ist bemüht, seine Kenntnisse über Carroll zu erweitern. Dabei hilft ihm die junge Angestellte aus »Alice's Shop« gegenüber dem Besucher-Eingang zum College, dem Meadow Gate. Dabei kommt man durch den *Memorial Garden* und hat einen Blick auf die Gebäude, was im Sommer besonders eindrucksvoll ist. Wer dagegen aus Gründen der Pflicht hinein möchte, darf durch den Haupteingang unter dem *Tom Tower* in die große Anlage eintreten. Es gelingt Professor Seldom, die verschiedenen Morde aufzuklären, aber da auch der Geheimdienst involviert ist, sieht er Gefahren für seinen jungen Kollegen und rät ihm zu schleuniger Heimreise. Das eigentliche Problem, das in der Diskussion unter den fiktiven Carroll Fans wenig erörtert wird, ist wohl kaum noch lösbar: War Lewis Carroll nun ein Pädophiler oder nicht? Aber das ist eine andere Geschichte.

Der junge Wissenschaftler hätte vielleicht auch an das »Schwester College« von *Christ Church* nach Cambridge gehen können. *Trinity College* im Zentrum von Cambridge ist ähnlich alt, ähnlich groß und ähnlich traditionell wie *Christ Church* – und ähnlich beliebt bei Touristen. Falls der junge Mann weiterhin an Verbrechen interessiert wäre, hätte er an *Trinity* spezielles Wissen erwerben können: Dieses College nimmt in der Kriminalgeschichte Englands einen besonderen Platz ein. In den 30er-Jahren des letzten Jahrhunderts fanden sich etliche Studenten zusammen, die den Faschismus bekämpfen und den Kommunismus etablieren wollten. Prominenz erlangten die sogenannten »Cambridge Five«, die sich vom KGB anwerben ließen und nach ihren Examina Mitarbeiter des britischen Geheimdienstes wurden. Harold »Kim« Philby, Donald Maclean, Guy Burgess und Anthony Blunt überführte man später als Landesverräter. Obendrein waren fast alle Mitglieder einer elitären akademischen

Gesellschaft, die sich *Apostles* nannte, und zu der Cambridge Absolventen gehörten wie Bertrand Russell, Ludwig Wittgenstein oder Leonard Woolf. Nebenbei: Zu den *Apostles* zählten in der Realität Politiker, Philosophen und Spione und in der Fiktionalität auch Mörder. In dem Roman »Avenging Angel« (1991) des Philosophieprofessors KWAME ANTHONY APPIAH, der am *Clare College* graduierte, scheint ein Racheengel sukzessive Mitglieder des elitären »Intellektuellen-Clubs« zu ermorden. Doch da diese Vereinigung vor allem geheimnisumwittert ist, bleiben die Ermittlungen schwierig. Auch zu den KGB-Spionen gibt es einen Krimi: HANNAH COLER, »Cambridge 5 – Zeit der Verräter« (2017).

Ähnlich wie in Oxford ereignen sich auch in Cambridge real wenige Morde und an den Colleges erst recht nicht. Deshalb sind es die Kriminalromane, die für eine Anhebung der Kriminalstatistik sorgen – natürlich nur für die fiktive. Während Oxford eine Stadt mit einer Universität ist, könnte für Cambridge gelten, dass es eine Universität ist mit einer Stadt drumherum. Insofern erscheint das Zentrum sehr überschaubar, und eine Besichtigungstour ist recht einfach zu unternehmen. Wenn man vom Bahnhof kommt – eine Anreise mit dem Zug ist durchaus zu empfehlen – braucht man etwa 20 Minuten zu Fuß bis zum *Fitzwilliam-Museum* auf der *Trumpington Street*. Von dort aus reiht sich nahezu ein College an das andere, und der Besucher kann auf einem Rundgang fast alle besichtigen. Zuerst die *Trumpington Street* weiter in den Norden, vorbei an *Peterhouse*, dem ältesten College der Universität, und an *St. Catharine's* auf der linken Seite. Dann ist man bald auf der *King's Parade* und an dem ebenfalls links gelegenen *King's College* mit der berühmten *Chapel*. Weiter geht es dann zum *Trinity*, das seine Bedeutung nicht nur von Newton herleitet, bis hoch zur *Round Church*, vor der man nach rechts abbiegt, um dann vorbei an *Sidney Sussex* (Hüterin des Kopfes der Leiche von Oliver Cromwell) und *Christ College* allmählich zum Ausgangspunkt zurückzukommen.

Wie bereits zu Beginn dieses Kapitels gesagt, ist für Cambridge nicht annähernd die große Zahl an Kriminalromanen vorhanden wie für Oxford. Aber immerhin gibt es das Werk einer Autorin mit berühmten Vorfahren, die sich in den 30er-Jahren des letzten Jahrhunderts dem Kriminalroman widmete. LOIS AUSTEN-LEIGH, eine Ur-Großnichte

Nächste Doppelseite Cambridge: *King's College* und *Chapel*

von Jane Austen, schrieb mit »The Incredible Crime« (1931) ein Buch, dessen Ironie zuweilen an ihre Verwandte erinnert. Ebenfalls »*Austen like*« ist die Romanze, die sich zwischen Prudence, der unkonventionellen Tochter des College Masters, und einem Professor entwickelt, die jedoch – schließlich ist es ein Krimi – durch das Auffinden verschiedener Leichen beeinträchtigt wird. Prudence geht mit ihren adeligen Verwandten in Suffolk nahe dem Meer zur Jagd, liebt schnelles Autofahren und kann sich – höchst *shocking* für die damalige Zeit – auch einer derben Wortwahl bedienen. Und dann hilft sie noch der Polizei bei der Aufdeckung eines Drogenschmugglerrings, der auf verschlungenen Wasserwegen von Cambridge zur Küste und retour aktiv ist. Sie lebt mit ihrem Vater in der *Master's Lodge* des *Prince's College*, das nicht geringe Ähnlichkeit hat mit dem *King's College*. Möglicherweise mag dies damit zusammenhängen, dass die Autorin sich dort auskannte, da ihr Onkel am *King's* als *Provost* tätig war. Und bei einem Besuch des Colleges kann man noch die *Provost Lodge* sehen, die Austen-Leigh als Vorbild gedient haben dürfte.

Wenn ein Autor sicher sein will, dass sein Buch eindeutig einem Ort und einem Verbrechen zugeordnet werden kann, nennt er es entsprechend. Und das tut Glyn Daniel mit seinem Roman »The Cambridge Murders« (1945 unter dem Pseudonym Dilwyn Rees). Daniel, ein Waliser, studierte Archäologie am *St. John's College* in Cambridge, wo er später auch als Professor lehrte. Seine Spezialität war die Auswertung von Luftaufnahmen, um archäologische »Bodenschätze« besser aufspüren zu können. Deshalb kam er im 2. Weltkrieg zum Nachrichtendienst der Royal Air Force für die Luftaufklärung. In seinem Roman liegt das *Fisher College*, in dem sich die Verbrechen ereignen, zwischen *St. John's* und *Trinity*, wo aber kein Platz ist für ein weiteres College, sofern man es nicht auf die Rasenflächen an der Cam verlegt. Mit dieser ungemein klaren Beschreibung für eine Nichtexistenz beginnt Daniel sein Buch, in dem der ermittelnde Kriminalist Hilfe erhält von dem Vizepräsidenten des Colleges, einem Archäologen, der sich aufs Spurenlesen versteht – unverkennbar ein Selbstporträt des Autors.

Dieser akademische Amateurdetektiv assistiert bei der Aufklärung von Morden,

Cambridge: *King's College* – Innenraum der *Chapel*

die an dem Dean und dem Hilfsporter des Colleges verübt wurden. Es sind lange und umständliche Ermittlungen, häufig unterbrochen von köstlichen *Lunches* mit *Stilton* und *Port* zum Dessert und exzellenten *Diners* am *High Table* mit Seezunge, Wildpastete und *Cheese Soufflé*. Als begleitender Wein wird ein superber Pauillac angeboten – unter anderem ein 23er Mouton Rothschild. Abgesehen vom fiktiven *Fisher College* kann der interessierte Leser alle Wege nachgehen und alle *locations* aufsuchen. Er wandert über die *King's Parade* und *Trinity Street* mit einem Abstecher in die bei Dunkelheit etwas unheimliche *Trinity Lane*. Leider kann er nicht mehr auf der *Trinity Street* ein Pint im *Blue Boar* nehmen, da dieser traditionelle Gasthof (schon Virginia Woolf wohnte dort) in den 1990ern geschlossen wurde. Er geht über die *Bridge Street* und sieht ein etwas anderes Cambridge am *Portugal Place*, wo nicht die Dons, sondern die Diener wohnen. An den *Backs*, den Rückseiten einiger Colleges an der Cam, kann er nur entlangspazieren, wenn er eine Einladung hat. Aber ein Gang über den *Midsummer Common* führt auch zur Cam und bei entsprechendem Appetit auch zu einem interessanten 2-Sterne Restaurant dortselbst, dem *Midsummer House*. Zumindest würde das gut zum Schluss des Romans passen, bei dem die entscheidenden Erkenntnisse über den Täter in Paris im *Tour d'Argent* bei einem formidablen Dinner erläutert werden.

Wenn man bei einem Besuch in Cambridge weniger an den Intrigen am *High Table* oder im *Common Room* in fiktiven Lehranstalten interessiert ist, sondern die genannten Colleges, Straßen und Parks wie in einem Reiseführer wiederfinden möchte, sollte man einen Roman von NORA KELLY lesen. Besonders in dem Krimi »In the Shadow of King's« (1984) kann man die Akteure des Romans auf vielen Wegen durch die Stadt begleiten. Sowohl die Autorin als auch die Heldin des Buches haben einen Blick von außen auf die Stadt und sehen dabei manches klarer, ohne jedoch auf nostalgische Erinnerungen zu verzichten. Kelly, eine in Kanada lebende Amerikanerin, hat in Cambridge am *Newnham College* Geschichte studiert, und das gönnt sie auch der weiblichen Hauptperson, der Historikerin Gillian Adams. Diese hat eine Einladung zur Gastdozentur angenommen und muss erleben, dass nach ihrem Vortrag im *King's College* der einladende Professor erschossen wird. Der Ermordete ist immerhin *Regius Professor* für Geschichte, eine hohe akademische Ehrung, da ein solcher Lehrstuhl vom König beziehungsweise der Königin gestiftet wird und der Inhaber ein besonderes Ansehen genießt. Zusammen mit ihrem Gefährten, einem Beamten von Scotland Yard, ist Adams um Aufklärung des Verbrechens bemüht, dessen Zeugin sie wurde.

Für Adams steht – wie schon der Titel sagt – *King's* im Mittelpunkt von Cambridge, und es ist vor allem die *Chapel*, die tatsächlich und übertragen einen Schatten wirft, da sie symbolhaft als ein Wahrzeichen steht für die Stadt und die Universität. Zwischen 1446 und 1536 erbaut, besitzt die Kirche das wohl größte Fächergewölbe in der Welt, das den ganzen Innenraum überspannt. Und die riesigen Fenster erfüllen jenen mit einem manchmal unwirklichen Licht. Die Kirche ist nicht nur ein sakraler Raum für die Mitglieder des Colleges, sondern fast täglich werden durch *Even Songs* am frühen Abend und durch Gottesdienste am Wochenende und zu hohen Feiertagen Menschen in das Gotteshaus eingeladen. Und anders als bei einer »normalen« Besichtigung kann man während der Teilnahme an einer Andacht den Chor hören, der in die Liturgie eingebunden ist und den man sonst vielleicht nur von der alljährlichen Übertragung der BBC zu Weihnachten kennt, wenn diese »*Carols from King's*« in die Welt sendet. Gillian Adams ist allerdings im Oktober in Cambridge, wenn die Laubfärbung an den *Backs*, dem Ufer der Cam hinter den Colleges, diese noch schöner erscheinen lässt. Erst als der Täter gefasst ist – glücklicherweise in London und nicht im Schatten von *King's* – kann auch Adams die Stadt genießen.

Eine der schönsten Beschreibungen von Cambridge im Kontext eines Krimis findet sich bei P. D. JAMES in ihrem Roman »Ein reizender Job für eine Frau« (1972). Cordelia Gray, eine junge Detektivin, der ihr verstorbener Partner das Büro vermacht hat, soll in Cambridge beziehungsweise in einem nahegelegenen Anwesen den Tod eines jungen Mannes aufklären. Bevor sie zu ihrer Verabredung in die Polizeistation am *Parker's Piece* geht, bummelt sie ein wenig durch die Stadt. Dabei ist sie sich mit einer gewissen Bitterkeit der Tatsache bewusst, dass sie eigentlich mit einem Stipendium hier hätte studieren können, wenn ihr egozentrischer Vater nicht diese Chance verdorben hätte. Und fast träumerisch stellt sie fest: »[…] wie konnte das Herz gleichgültig bleiben gegenüber dieser Stadt, wo Stein und buntes Glas, Wasser und grüne Rasen, Bäume und Blumen in einer solchen geordneten Schönheit im Dienste der Gelehrsamkeit arrangiert waren.« P. D. James, die wesentliche und – wie sie sagt – sehr glückliche Jugendjahre in Cambridge verbrachte, lässt diese leicht nostalgischen Assoziationen von der jungen Kriminalistin übermitteln.

Gray besucht auch Colleges, die bisher nicht im Mittelpunkt standen wie *New Hall* (2008 nach einer großzügigen Stiftung in *Murray Edwards* umbenannt), das neben *Newnham* und *Lucy Cavendish* (dieses vermutlich nur bis 2021) auch heute noch ausschließlich Frauen aufnimmt. Das College erinnert Gray mit seiner byzantinischen Atmosphäre und einem voluminösen Kuppelbau an einen Harem – wenn auch an den eines modernen Sultans. Da die Detektivin ungefähr so alt ist wie die studentischen Kreise, in denen sie ermittelt, erlebt man auch die besonderen Vergnügungen, die Cambridge (nicht nur) für junge Menschen bereithält. Dazu gehört ein opulentes Picknick auf einer der vielen Grünflächen der Stadt, und eine verträumte *Punting Tour* auf der Cam kann von ernsten Pflichten ablenken. Gegen Ende des Romans begibt sich auch Cordelia Gray in den »Schatten

von King's«, wenn sie dort einen Gottesdienst besucht und sich von dem weihevollen Zauber des Ortes, den Klängen der Orgel und den Gesängen des Chores gefangen nehmen lässt. Voller Hingabe singt sie die letzte Hymne mit.

Der Kontrast der *College Chapel* zu einer Dorfkirche im Südwesten von Cambridge könnte aus architektonischer Sicht größer nicht sein, sakral gesehen jedoch ist jedes Gotteshaus von gleicher Bedeutung. Die Kirche *St. Andrew and St. Mary* in dem kleinen Ort Grantchester ist nicht nur der spirituelle Mittelpunkt des Dorfes, sondern auch das handlungsfördernde Zentrum in der Romanserie »Grantchester« von James Runcie. Dieser ist der Sohn des früheren Erzbischofes von Canterbury Robert Runcie (seinerzeit übrigens Patron der Dorothy Sayers Gesellschaft), von dem er biographische Züge für seinen Romanhelden übernommen hat. In Cambridge geboren (wo er später auch studierte) wuchs er unter Pfarrern und Theologieprofessoren in einer kirchlich geprägten Umwelt auf. Nicht nur deshalb ist es nachvollziehbar, dass der Held seiner Romane, der Pfarrer Sidney Chambers, ein unkonventioneller, glaubwürdiger und der Welt zugewandter Geistlicher ist.

Bevor die Romane erschienen und bald darauf auch fürs Fernsehen verfilmt wurden, war Grantchester vor allem bekannt als eine Art »Außenstation« der *Bloomsbury Group* um Virginia Woolf. Der Dichter Rupert Brooke schrieb in *The Old Vicarage* (heute bewohnt vom Ex-Politiker und unermüdlichen Erfolgsautor Jeffrey Archer), und in dem nahegelegenen Obstgarten etablierte sich »*The Orchard Tea Garden*«, der mit seinen berühmten Gästen wirbt. Ein Besuch dort unter blühenden Obstbäumen und mit *Cream Tea* in wackeligen Liegestühlen ist stimmungsvoll – im Sommer jedoch sollte man Wespengeschwader nicht fürchten. Runcie wählte diesen Ort für seine Romane wegen dessen ikonischen Status eines englischen Dorfes, der vor allem durch das Gedicht von Rupert Brooke etabliert wurde, in dem es mit einem etwas bemühten Reim heißt:

»[…] of that district [i.e. Cambridgeshire]
I prefer
The lovely hamlet Grantchester.«

Bootsverleih für eine *Punting Tour*

Sidney Chambers amtiert als Gemeindepfarrer in dem kleinen Ort, der nur wenige Kilometer von Cambridge entfernt liegt und enge Beziehungen zu der Universitätsstadt hat. Die besitzt auch der Pfarrer durch sein Studium am *Corpus Christi College* und durch Predigtverpflichtungen in der *King's College Chapel*, jener Kirche, die wörtlich wie übertragen die gesamte Gegend überragt. Eigentlich kommt Chambers mehr durch Zufall zur Profession eines »nebenamtlichen« Detektivs, als eine Frau ihn in einem vertraulichen Gespräch bittet, im Falle eines angeblichen Selbstmordes zu ermitteln (»Der Schatten des Todes«, 2016). Der Polizeiinspektor Keating aus Cambridge ist von dieser Einmischung nicht erbaut, weiß aber im Laufe der Zeit die Hilfe des intelligenten und einfühlsamen Geistlichen zu schätzen, und die beiden Männer werden Freunde. Sie führen regelmäßig Gespräche über Gott, meistens

Grantchester: *The Church of Saint Andrew and Saint Mary* während der Dreharbeiten für die Fernsehserie

aber über die Welt und das meistens mit einigen Pints im *Eagle* in der *Bene't Street* in Cambridge. Allerdings hat Chambers Probleme mit seinen Vorgesetzten, da diese befürchten, er würde seine seelsorgerlichen Aufgaben vernachlässigen. Aber eigentlich ist eher das Gegenteil der Fall. Er ist den Menschen in seiner Gemeinde durchaus nah, denn bei seinen Ermittlungen schaut er im wahrsten Sinne des Wortes hinter die Fassaden, wie es nicht vielen seiner Kollegen gelingen dürfte.

Die Romane sind in den 1950er-Jahren angesiedelt, und Runcie kategorisierte sie als »a moral history of postwar Britain«. Auch geheimdienstliche Ermittlungen der Nachkriegszeit spielen eine Rolle. Ein Fellow stürzt vom Turm der *King's College Chapel* in den Tod, Studenten verschwinden unauffindbar, und Chambers muss erkennen, dass MI6 sich nur bedingt in die Karten schauen lässt. Schließlich ist der Skandal um die *Cambridge Five* noch nicht aufgedeckt und Kim Philby noch nicht geflohen. Chambers weiß am Ende zwar um die geheimdienstlichen Aktivitäten, doch die müssen – natürlich – geheim bleiben. Anders als Pater Brown, mit dem Chambers zuweilen verglichen wird, darf er heiraten, weshalb in diesen Büchern neben Verbrechen auch Liebe stattfindet, allerdings mit theologischen Skrupeln. Überhaupt ist Chambers vielen weltlichen Vergnügungen zugewandt, aber natürlich nur solchen, die mit seiner hohen Moral vereinbar sind. Dazu gehört seine Leidenschaft fürs Cricket, und als er bei einem solchen den Schiedsrichter machen muss, kann er durch seine Kenntnis der Regeln auch den Mord an einem exzellenten Spieler aufklären. Doch wenn die Sorgen überhandzunehmen drohen, bleibt ihm allein der Glaube als Refugium, denn schließlich liegt auch Grantchester im Schatten von *King's*.

Nördliche Morde

Vom Lake District bis Yorkshire

Eine häufige Frage bei Urlaubsplanungen lautet: See oder Berge? In England scheint das Meer – insular bedingt – im Bewusstsein der ehemaligen Seefahrernation fast allgegenwärtig zu sein. Richtige Berge hingegen und nicht nur bloße Hügelketten – das meint auf der Insel: knappe Eintausender – sind außerhalb Schottlands im *Lake District* zu finden. Und deshalb zieht es jedes Jahr Millionen von Touristen in dieses Gebiet im Norden Englands zum Wandern, Radfahren, Bergsteigen oder zu einer Mini-Kreuzfahrt auf dem *Lake Windermere*, dem größten See auf der britischen Insel. Der *Lake District* nimmt einen ausgedehnten Teil von Cumbria im Norden Englands ein, und in seiner Mitte liegt einer der Nationalparks der Insel, inzwischen (2017) zum UNESCO-Welterbe erhoben. Bis der *Lake District* auch auf der Landkarte der Kriminalliteratur eingezeichnet wurde, dauerte es lange. 1935 erschien zwar der Roman »The Lake District Murder« von John Bude, doch dieser war noch ein »Einzelfall«. In dem Buch wird nicht eine touristisch attraktive Gegend um die Seen und Berge beschrieben, sondern das alltägliche Leben im und um den Ort Keswick. Auch das Verbrechen ist unspektakulär ebenso wie die notwendigen Ermittlungen. Der Inhaber einer Autowerkstatt wird ermordet, und ein fähiger Inspektor löst den Fall. Noch stehen nicht die touristischen *locations* im Mittelpunkt, sondern vielmehr die sorgfältige Polizeiarbeit in einer winterlich einsamen Gegend.

Da aber inzwischen der Lake District neben der englischen Südküste zu den meistbesuchten Regionen der Insel gehört, intensiviert sich dort auch das kriminelle Geschehen – genauer: fiktive Morde werden immer zahlreicher. Und diese sind für heutige Reisende auf einer literarischen Spurensuche zu entdecken. Wenn man zum

Nordöstliches Yorkshire – *North York Moors National Park*

Beispiel aus London kommt, kann man eine durchgehende und recht schnelle Bahnverbindung bis nach Oxenholme nutzen; der Ort ist zwar ein Dorf, aber mit einer Schnellzugstation (*Oxenholme Lake District Railway Station*) am Eingang zum Nationalpark. Von dort aus gibt es dann Verbindungen zu den wichtigsten Orten im *Lakeland*. Wer unterwegs vielleicht noch einen Abstecher zu anderen »Krimi-Schauplätzen« machen möchte, nimmt das Auto und die M6. Dann unterbricht er seine Fahrt in Liverpool, wo der (fiktive) Rechtsanwalt Harry Devlin (Autor: MARTIN EDWARDS) in Fällen ermittelt, die nach Hits der 60er-Jahre heißen wie »All the Lonely People« von den Beatles oder »Yesterday's Papers« von den Rolling Stones. Auf ungefähr gleicher Höhe im Osten liegt Manchester, und dort lässt VAL MCDERMID ihre Detektivin Kate Brannigan Verbrecher jagen. Allerdings braucht man mit dem Auto länger, selbst dann, wenn die in den Norden führende M6 relativ frei ist. Diese verlässt man an der Ausfahrt 36 und kann dann über die A590 beziehungsweise A591 hoffentlich eine gute Unterkunft in Windermere, Grasmere oder in einem der kleineren Orte ansteuern. Die A591 ist gewissermaßen die »High Street« im Lake District, auf der man von Kendal im Süden bis Keswick im Norden den Nationalpark durchfährt. Querungen sind genau einzuplanen, da nur wenige Straßen durch die bergige Landschaft führen, die man ohne Schwierigkeiten nutzen kann. Aber dann muss eben gewandert werden!

Nicht wenige Menschen, die in den Nationalpark reisen, suchen die Begegnung mit einer Natur, die bereits im 19. Jahrhundert eine Gruppe von Dichtern der Romantik, die sogenannten *Lake Poets*, angezogen hat. Dazu gehörten unter anderen William Wordsworth und seine Schwester Dorothy, Samuel Taylor Coleridge und Thomas De Quincey. Letzterer ist weniger durch Poesie als vielmehr durch seine Autobiographie »Bekenntnisse eines englischen Opiumessers« (1821) in Erinnerung geblieben. Im »kriminellen« Kontext ist allerdings sein Essay »Der Mord als schöne Kunst betrachtet« (1827) interessanter – ein Text, der Verbrechen vorgeblich unter ästhetischen Aspekten »würdigt«, wenn auch mit unverkennbar satirischer Intention. De Quinceys Ausführungen haben nachgewirkt bis G. K. Chesterton und George Orwell, und auch im Lake District werden wir später (fiktiv) auf einen interessierten Wissenschaftler treffen, der sich als Amateurdetektiv und Historiker mit dem ungewöhnlichen Schriftsteller aus dem frühen 19. Jahrhundert beschäftigt. Aber noch viel schlimmer: Man begegnet Verbrechern (ebenfalls fiktiv), die De Quincey ernst nehmen und ihm nacheifern wollen.

Mag es im Winter dort oben in Cumbria rau und unwirtlich sein, so beginnt im Frühling jene Zeit, die den berühmtesten Dichter dieser Landschaft, William Wordsworth, zu seinem berühmtesten Gedicht inspiriert hat – »Daffodils« (1807):

»I wandered lonely as a cloud
That floats on high o'er vales and hills,
When all at once I saw a crowd,
A host, of golden daffodils;
Beside the lake, beneath the trees,
Fluttering and dancing in the breeze.«

Diese Heiterkeit, dieser farbenfrohe Frühling der ersten Strophe kontrastiert heftig mit jener grauen Düsternis, die in Kriminalromanen über Orte, über Landschaften, über Menschen dieser Region ausgebreitet wird. Ein wenig wird dieser Gegensatz auch durch die Farbe der Häuser im *Lakeland* begünstigt, von denen viele mit grauem Schiefer verkleidet (einem Produkt der Gegend) oder aus ebenso grauen Feldsteinen gebaut wurden und so einen gewissen Eindruck von Unheimlichkeit erzeugen. Doch es sind nicht nur die Häuser Orte des Verbrechens, sondern die Einsamkeit der Landschaft lädt manche Autoren ein, auch dort Morde geschehen zu lassen. Dennoch ist es gerade diese Abgeschiedenheit, die den Lake District so attraktiv für Touristen macht. Glücklicherweise werden aber in den Kriminalromanen kaum die Besucher Mordopfer, sondern die Einwohner, deren in Relation zu den Touristen geringe Zahl skrupellos reduziert wird.

Der Lake District gehört inzwischen ebenfalls zu jenen Gebieten in England, denen eine eigene »Regional-Krimi-Serie« gewidmet ist. Martin Edwards veröffentlichte nach seinen »Liverpool-Krimis« zwischen 2004 und 2015 eine weitere Reihe, die den Untertitel trägt: »Lake District Mysteries«. Und teilweise hat man den Eindruck, als ob die fiktiven Verbrechen nur hier in der schroffen und rauen Landschaft

Nächste Doppelseite
Typisch schiefergraue Häuser in Grasmere

geschehen können, die auch durch bewaldete Hänge und ruhige Seen nicht unbedingt harmonischer oder sanfter wird. Stärker als in manchen anderen Krimis »passen« in diesen Romanen Natur und Mord zusammen. Und auch eine gewisse Neigung der Menschen, das Wirken von Geistern im Hintergrund des Daseins anzunehmen, ist – laut Edwards – nicht gänzlich auszuschließen. Nach ihm gibt es Opfersteine, auf die man eine ermordete Frau drapiert hat (»Tote schlafen nicht«, 2004 – Originaltitel: »The Coffin Trail«), Verliese scheinen auf Einzukerkernde zu warten (»The Dungeon House«, 2016), und unter einem Felsen, sinnigerweise *Sword of Damocles* genannt (realiter zu einer Berglandschaft mitten im Lake District gehörend), bringt eine Frau ihren Angreifer um (»Kein einsames Grab«, 2007).

In allen sieben Bänden werden die Ermittlungen von zwei Menschen mehr oder minder gemeinsam unternommen: einem Profi, der Kriminalistin Hannah Scarlett von der *Cumbria Constabulary,* und dem Oxford-Wissenschaftler Daniel Kind, der sich ein neues Leben im Norden erhofft. Nicht ohne Grund firmieren die Romane als »Lake District Mysteries«, denn die Landschaft, die kleinen Dörfer und einsamen Weiler und auch die wenigen Städte spielen eine besondere, das Geschehen atmosphärisch verdichtende Rolle. Martin Edwards bezieht sich in den Erläuterungen zu seinen Büchern auf die Aussage von Sherlock Holmes, dass die meisten Verbrechen nicht in den dunklen Straßen Londons, sondern auf dem scheinbar friedlichen Lande geschehen. Und dies zeigt der Autor, indem er die Morde so über den Distrikt »verteilt«, dass man beim Lesen kreuz und quer durch die Gegend geführt wird. Zwar weist der Autor auf die Fiktivität einiger Orte hin, aber die meisten *locations* entsprechen der Realität oder ihr Name ist nur unwesentlich geändert.

Zuerst treffen sich die beiden Protagonisten in Kendal (»Tote schlafen nicht«, 2007), wo sich die Polizeistation für den südlichen und östlichen Bereich der *Lakelands* befindet. Die Gegend um den *Lake Windermere* wird mehrfach befahren, sei es für Zeugenbefragungen oder Tatortrecherche. Im Osten sind es Troutbeck und Ambleside, die aufgesucht werden, im Westen ein Tatort in der Nähe von *Claife Heights*, einem Wanderrundweg, der heute vom *National Trust* betreut wird und einen

Blick bietet auf den See und die gegenüberliegenden *Troutbeck Fells*, eine schroffe Landschaft mit einer Passstraße. Wenn man als Tourist nicht den ganzen See umrunden will, um auf die westliche Seite zu kommen, nimmt man die Windermere Ferry von Bowness Nab nach Far Sawrey auf der anderen Seite des Sees.

Daniel Kind macht diese Tour mit seiner Freundin und der Schwester, weil er ihnen den Lebensort der Kinderbuchautorin Beatrix Potter zeigen möchte (»Die ohne Schuld sind«, 2008). Deren Anwesen »Hill Top« liegt in Near Sawrey und gehört – wie vieles im District – zum *National Trust*. Diesem hatte Potter ihren gesamten Besitz testamentarisch vermacht, wobei es für sie außerordentlich wichtig war, dass nach ihrem Tode (1943) die von ihr gekauften Grundstücke zusammengehalten wurden, um eine Zersiedlung mit Ferienhäusern zu verhindern. Das Haus und der Garten werden heute geradezu von Besuchern aus allen Teilen der Welt überrannt, wobei vor allem die Kinder hoffen, vielleicht den frechen Peter Rabbit dabei zu beobachten, wie er im Gemüsebeet des Nachbargartens auf Beutezug geht. Wer aber wie Daniel Kind und seine Begleitung etwas ermattet ist, sollte sich vielleicht eine Erfrischung im Pub *Tower Bank Arms* nebenan gönnen, das sogar in »The Tale of Jemima Puddle-Duck« auf einer Zeichnung vorkommt. Falls man vom Wandern müde ist und dort übernachten möchte, kann man sich auf ein gutes Frühstück freuen. Da das Haus Wert legt auf eine Speisekarte mit Gerichten, deren Zutaten aus der Gegend stammen, sollte man die *Cumberland Sausages* probieren. Dies ist eine gut gewürzte Wurstspezialität in Cumbria, seit mehr als 500 Jahren traditionell gefertigt, aber natürlich immer frisch, und jetzt auch mit der geschützten Herkunftsbezeichnung der EU versehen.

Wer noch mehr von Beatrix Potter sehen möchte, fährt weiter nach Hawkshead, wo Galerien und Souvenirläden ein reichhaltiges Angebot präsentieren. Wer aber auf den Spuren von Wordsworth reist, der sollte in dem Ort die alte *Grammar School* besichtigen, die der spätere Dichter ab 1778 besuchte. 1585 gegründet, wurde die Schule 1909 geschlossen, aber dann in ein Museum umgewandelt, das einen interessanten Eindruck vermittelt vom schulischen Leben vergangener Zeiten. Einer der wichtigsten Orte für Wordsworth in der Gegend ist das

Dove Cottage in Grasmere, von Hawkshead ungefähr 15 km entfernt. Der Poet zog mit seiner Schwester hier 1799 ein; nach seiner Heirat wuchs die Familie, und er suchte eine größere Bleibe. Sein »Nachmieter« war der ominöse Thomas De Quincey, der zweihundert Jahre später bei Edwards fiktive Gefolgsleute fand, die, ohne seine ironischen Texte verstanden zu haben, deren Ideen vom »ästhetischen Mord« in die Realität umsetzen wollten.

In dem Roman »Zu Staub und Asche« (2011) von Edwards betreibt Marc, der Lebensgefährte der Inspektorin, ein exquisites Antiquariat, das regelmäßig von reichen Buchliebhabern frequentiert wird. Leider werden deren wunderbare Sammlungen ein Raub der Flammen, und sie selbst verbrennen inmitten ihrer Schätze. Der Buchladen von Marc, der für Buchenthusiasten so attraktiv wäre, ist natürlich gar nicht zu finden. Wer aber dem Sport des *book hunting*

Haus in Hawkshead

nachgehen möchte, sollte nach Sedbergh fahren. Der kleine Ort liegt im Osten des Lake District schon in den *Yorkshire Dales*, gehört aber noch zu Cumbria und ist die offizielle Bücherstadt in England. Die bekannteste *book town* der britischen Insel, Hay-on-Wye, liegt hingegen in Wales. Auf der *Main Street* von Sedbergh findet man die meisten Buchläden; dort gibt es natürlich auch Restaurants, Cafés und Snackbars. Die größte Buchhandlung (»Westwood Books«) liegt etwas außerhalb in einem alten Kino, hat ein riesiges Angebot und wird vom *Guardian* in einer Serie über schöne Buchläden vorgestellt mit den Worten »merciful peace and big enough space to get lost and dreamy in«. Also eine (fast) unwiderstehliche Versuchung für jeden Büchersammler!

Dove Cottage in Grasmere – früheres Wohnhaus von Wordsworth, jetzt Museum

Während im letzten Jahrhundert der Lake District zwar für Touristen sehr, für Krimi-Autoren weniger interessant war, hat sich das in den letzten Jahren geändert. Rebecca Tope publiziert eine Serie, deren einzelne Titel bereits auf die Örtlichkeit der Verbrechen hinweisen; zum Beispiel »The Ambleside Alibi« (2013) oder »The Grasmere Grudge« (2019). Zwar agiert in diesen Romanen selbstverständlich ein Polizeiinspektor, aber der wäre ziemlich ratlos, wenn es nicht die verträumt-resolute Persimmon »Simmy« Brown gäbe, die ihm mit ihrer Assistentin und einem Jugendlichen bei der Arbeit hilft. Die Amateurdetektivin führt in Windermere ein Blumengeschäft, in dem sie wunderbare Arrangements kreiert; doch es wird nicht ganz klar, inwieweit diese Fähigkeit kriminalistischen Ermittlungen dienlich ist. Da sie aber ihre Blumen kreuz und quer durch den Lake District liefert und dabei Verbrechen und Verbrechern nahekommt, lernt auch der Leser manche Orte näher kennen. Simmy lebt in einem Cottage in Troutbeck, einem sehr kleinen Ort östlich von Ambleside, und genießt von dort einen weiten Blick auf *Wansfell*, einen kargen Höhenrücken, wie er typisch ist für die Gegend.

Besonders profitabel für Simmys Floristikunternehmen sind Festivitäten, vor allem natürlich Hochzeiten, wo vom Brautstrauß bis zu Tischdekorationen viel fabriziert werden muss. Und bei einem solchen Anlass erlebt die junge Frau einen Mord und das in einem sehr schönen Hotel direkt auf einer Halbinsel am See nahe der A452 (»The Windermere Witness«, 2012). *Storrs Hall*, im Roman dezent nur *Storrs* genannt, ist so attraktiv, dass auch ein fiktiver Mord heutige Gäste nicht abschrecken dürfte – und sei es nur, dass sie einen Lunch nehmen möchten. Auch nach Hawkshead muss sie in ein – allerdings ungenanntes – Hotel Blumen liefern, und das liegt am *Esthwaite Water*, in dem wiederum eine Leiche liegt (»The Hawkshead Hostage«, 2016). Ein Zeuge wird entführt und in dem kleinen Ort versteckt gehalten. Da dort nach ihm gesucht wird, kann man bei der Lektüre noch einmal durch die kopfsteingepflasterten Straßen schlendern und im *King's Arms* am *Square* ein Bier trinken. In Grasmere gefällt es Simmy & Co. so gut, dass sie nach ihrer Hochzeit dort gerne ein Cottage kaufen möchte. Doch das glückliche Paar fragt sich zu Recht, ob es sinnvoll ist, mitten im touristischen Zentrum des Lake District ein

Gräber der Familie Wordsworth auf dem Friedhof von Grasmere

Haus zu erwerben. Denn wegen Wordsworth und seiner Familie, deren Gräber auf dem Friedhof nahe der St. Oswald's Church liegen, und wegen des *Grasmere Gingerbread Shop* ist der Ort zumindest in den wärmeren Monaten ständig überlaufen. Das »Lebkuchen Haus« allerdings ist nur dann zu empfehlen, wenn man sehr stark gewürztes und relativ hartes Gebäck mag.

Wordsworth, genauer seine Schwester Dorothy, ist auch der Anlass für einen Vortrag, den eine amerikanische Wissenschaftlerin in Grasmere halten will – so Jo Allen (i.e. Jennifer Young) in ihrem Roman »Death on Coffin Lane« (2020). Und in diesem Kontext wird eine Mordserie ausgelöst, die Grasmere, wäre es nicht bereits international bekannt, nun auch zur (fiktiven) Berühmtheit in kriminellen Kreisen gebracht hätte. Dank der Ermittlungen von DCI Jude Satterthwaite aber wird natürlich der Täter überführt.

Jo Allen lässt ihre Romane mehr auf der »raueren« Seite des Lake District spielen, und auch wenn das Geschehen im Buch in und um Grasmere angesiedelt ist, wird man in die benachbarte Hügelwelt mitgenommen. Zwischen Ambleside und Grasmere gibt es eine *Coffin Route*, einen Weg, auf dem im Mittelalter die Toten zum Friedhof an der St. Oswald's Church getragen wurden. Heute ist es ein bequemer, relativ ebener, wenn auch höher gelegener Wanderweg, der einen interessanten Ausblick über die Landschaft bis hin zum *Lake Grasmere* bietet, und wo man nicht mehr auf Sargprozessionen trifft. Eine andere Wanderung, die allerdings vom Inspektor aus ermittlungstechnischen Gründen unternommen wird, führt zum *Rydal Water*, einem kleinen Gewässer südlich des *Lake Grasmere*, und zu den *Rydal Caves*, in denen früher Schiefer abgebaut wurde, den man für die Häuser nutzte. Oder für einen Mord an der *Coffin Lane*! Wer es etwas friedlicher mag und noch mehr von Wordsworth sehen möchte, besucht *Rydal Mount* im Osten des Sees, das der Dichter 1813 für sich und seine Familie kaufte und wo er bis zu seinem Tode 1850 wohnte. Und wenn man das Haus im Sommer besucht, kann man sich im *Tearoom* an einem gepflegten *Afternoon Tea* stärken.

Weiter in den Osten von Grasmere geht es in einem anderen Krimi von Allen; »Death at Eden's End« (2019) führt in das *Eden Valley*, ein Tal östlich von Penrith. Hier gibt es ein luxuriöses Altersheim, in dem eine Hundertjährige stirbt – prinzipiell nicht verwunderlich, doch einer Pflegerin kommt die Situation verdächtig vor. Und so nehmen die Ermittlungen des DCI ihren Verlauf, an deren Ende eine wilde Verfolgungsjagd steht, die man gut nachvollziehen kann, da präzise beschrieben. Schon vorher lernte man den kleinen Ort Langwathby in der Nähe und das hübsche Dorf Little Salkeld kennen; und dann musste man den Fluss Eden auf der *Langwathby Bridge* überqueren, hinter der die flüchtigen Verbrecher gestellt werden. Wer noch weiter in die Berge möchte, kann das mit dem Krimi »Death by Dark Waters« von Allen tun, der immerhin auf eine Art Passhöhe führt. Hierbei macht ein späteres Opfer eine Autotour auf der *High Kingate* (A592), um ihren Liebhaber zu treffen. Die Einsamkeit hoch oben auf dem *Kirkstone Pass* am *Brothers Water* See könnte für verbotene Treffen durchaus geeignet sein, wenn nicht die

Landschaft so kahl und der Baumbestand so kümmerlich wäre, dass man gefährliche Liebschaften schon von weitem sehen kann. Die Straße ist der höchste für Autos freigegebene Pass in England und führt durch eine beeindruckend karge Landschaft, die durch die obligaten Steinmauern abgegrenzt wird. Für eine Pause eignet sich eines der höchstgelegenen Gasthäuser Englands, das früher natürlich eine Kutschenstation war, jetzt aber vor allem für Touristen sorgt. *The Kirkstone Pass Inn* braut sogar eigenes Bier, und das sollte man – je nach Wetter – vor der Tür trinken, um die beeindruckende Aussicht zu genießen. Falls der Aufstieg zu mühsam war, bietet das Gasthaus auch Übernachtungsmöglichkeiten – angeblich sogar ein *Four Poster Bed.*

Wenn wir jetzt nach Newcastle weiterreisen, könnten wir auf der A592 bleiben, bis man zur M6 kommt, allerdings ist das etwas beschwerlich. Wer aber die Mühen der Ebenen und der Landstraßen nicht scheut, sollte nicht auf die Autobahn abbiegen, sondern den Weg durch den North Pennines Nationalpark nehmen, wo man auf dem größten Teil der Strecke einen weiten Blick über das Land hat. Und dann kommt man irgendwann in Newcastle an, der Stadt am *River Tyne*, die ein Zentrum war in der Industrialisierung des 19. Jahrhunderts. Kohlezechen, Schiffsbau, Schwerindustrie und Hafen schufen wirtschaftlichen Wohlstand, der den Norden zu einer attraktiven Gegend machte – zumindest für jene, die davon profitierten. Und wenn man heute durch die Innenstadt flaniert, vielleicht die *Grey Street* in nördlicher Richtung bis zum Monument ihres Namensgebers (ein Denkmal, das an die Nelson-Säule in London erinnert), dann erhält man einen Eindruck von der ökonomischen Opulenz der Stadt in früheren Zeiten. Mit der Schließung vieler Unternehmen während der zweiten Hälfte des letzten Jahrhunderts schwand die Prosperität, und Newcastle musste gegen den Niedergang kämpfen. Um dem ökonomischen Abstieg zu begegnen, bemühte man sich, der Stadt am Tyne ein neues Image durch intensiven Strukturwandel zu verschaffen, und das sah man zum Beispiel in einer Art »Shopping Metropole«; Newcastle verfügt über eine besonders große Anzahl an Einkaufscentern, die eine hohe Attraktivität für den Norden darstellen.

Doch trotz dieser »Revitalisierung« gibt es auch heute in Newcastle Menschen, die in prekären Verhältnissen leben, wenn sie nicht sogar obdachlos sind. Der Autor TREVOR WOOD, in Newcastle lebend, verarbeitet in seinem Roman »The Man on the Street« (2020) Erfahrungen, die er als Marineoffizier und als ehrenamtlicher Mitarbeiter bei der *People's Kitchen* sammelte, die vor allem Obdachlose betreut. Zu diesen gehört in dem Buch auch James Ian Mullen, fast immer Jimmy genannt, der in der Marine gedient hat, dort polizeiliche Aufgaben wahrnahm und aus seinem Einsatz im Falkland-Krieg schwer traumatisiert heimkehrte. Danach änderte sich seine Existenz dramatisch, und er lebt inzwischen auf der Straße. Wood führt den Leser durch jene Bereiche der Stadt, die einerseits für Touristen interessant sind, andererseits in der Nacht Menschen ein kärgliches Obdach bieten. Dazu gehört die *Grey Street*, in der es auch zahlreiche Bars und Kneipen gibt, aus denen dann zu später Stunde alkoholisierte Gäste die ruhigen Straßen lautstark bevölkern, und so kann man wie Jimmy unangenehme Begegnungen mit betrunkenen Teilnehmerinnen von *hen parties* haben. Eine besondere Touristenattraktion in Newcastle ist *The Quayside* unten am River Tyne, wo Jimmy mit seinem Hund Schutz sucht im *Swirle Pavilion*, der – ohne Dach, aber dafür oben mit einem Globus – an all jene Häfen erinnert, die von Schiffen aus Newcastle angelaufen wurden. Aus Albträumen erwachend wird er Zeuge eines Mordes, und der Veteran, als Figur ein wenig an Cormoran Strike von Rowling erinnernd, besinnt sich auf seine kriminalistischen Fähigkeiten und arbeitet verstärkt mit der Polizei zusammen.

Während Wood einen »Privatmann« recherchieren lässt, sind in den Büchern zweier Autorinnen Profis in Newcastle aktiv. Die erste – MARI HANNAH –, selbst in der Nähe von Newcastle lebend, lässt DCI Kate Daniels in Newcastle und Umgebung ermitteln. Hannah hat aufgrund eigener beruflicher Tätigkeit als Bewährungshelferin Erfahrung mit dem kriminellen Milieu, und ihre Partnerin war viele Jahre Mitglied einer Mordkommission. In dem Roman »Sein Zorn komme über uns« (2011) ist die Polizistin auf der Jagd nach einem psychopathischen Serienkiller, dessen erste Opfer – eine junge Frau und ein Priester – sie selbst in einer Kirche in Carbridge fand, wo sie eine Gedächtniskerze anzünden wollte. Natürlich hat die Kirche im Roman einen anderen Namen und ist katholisch, aber vermutlich hat die reale anglikanische St. Andrew's Church in der Mitte von Carbridge nördlich von Newcastle als Vorbild gedient. Der kleine Ort kann auf eine lange Geschichte verweisen, die fast bis zu den Römern reicht – schließlich befindet sich die Gemeinde in der Nähe des *Hadrian's Wall.* Wie bei P. D. James liegt der Schrecken dieser Morde besonders darin, dass sie an heiliger Stätte verübt werden. Auch Daniels steht auf der »Opferliste« des paranoiden Killers und fällt dem Verbrecher in die Hände, doch kann sie sich auf ihre Kollegen und die Effizienz des Einsatzkommandos verlassen.

Die Station der *Northumbria Police-Newcastle* im *City Centre*, wo auch Daniels nach Aussage der Autorin arbeitet, liegt an der Straße *Forth Banks* nahe dem Hauptbahnhof und hätte, so sagt man, schon längst renoviert werden müssen. Aber die Arbeit der Mordkommission greift je nach Fall über diese Station hinaus, und so wird der Leser in dem Roman »Ich will vergelten« (2013) bis zum *Hadrian's Wall* geführt, wo in der Gegend um *Sewingshields Crags* die Leiche einer jungen Studentin aus Durham gefunden wurde, weshalb die Ermittlungen bis in die Kathedralstadt reichen. Da auch die Tochter eines vermögenden Finanziers entführt wurde, müssen Kate Daniels und ihr Team Mord und Kidnapping gleichermaßen bearbeiten. Eine nahezu aussichtslose Suche nach der Entführten findet in den *North Pennines* statt, der außergewöhnlichen Landschaft mit weiten Heideflächen, Mooren und vielen unheimlichen Höhlen. Insgesamt also eine Gegend für Tourismus, aber in diesem Fall für einen drohenden Mord. Doch DCI Daniels bewältigt diese Herausforderung, auch wenn der Täter sich der Gerechtigkeit entziehen kann.

Während Kate Daniels eine attraktive Frau ist, trifft eine solche Beschreibung auf ihre fiktive Kollegin *Detective Chief Inspector* Vera Stanhope kaum zu – was nicht nur daran liegt, dass sie erheblich älter ist. Immerhin kann man diese als eine der ungewöhnlichsten Personen der gegenwärtigen Kriminalliteratur bezeichnen; doch wenn es in einer Rezension heißt, sie erinnere an eine *bag lady*, also eine obdachlose Frau, die alle ihre Habseligkeiten in einer Tasche mit sich trägt, so passt das eigentlich nicht zu einer Polizistin. Die Autorin Ann Cleeves beschreibt Vera, die in schwierigen Verhältnissen aufwuchs, als eine dickliche,

Nächste Doppelseite
Hadrian's Wall in der Nähe des römischen Kastells Vercovicium – eine *World Heritage Site* der UNESCO

ziemlich ungepflegte Person. Doch dieser Eindruck wird überlagert durch die Darstellerin in der TV-Verfilmung. Brenda Blethyn spielt Vera in der Fernsehserie; sie ist zwar auch nicht gertenschlank, aber durchaus ansehnlich und mit einem merkwürdigen Hut (den manche Fans gerne erwerben würden) und etwas ruppigem Humor ausgestattet. Ann Cleeves lässt DCI Stanhope von der *Northumbria Police* in dem fiktiven Kimmerston mit ihrem Team Verbrecher jagen. Zwar gibt es in Northumberland tatsächlich einen Ort mit diesem Namen, doch der ist nur ein sehr kleines Dorf fast 90 km nördlich von Newcastle; von dort aus aber arbeiten Vera und ihr Team im TV. Damit sich dies bei den Zuschauern einprägt, werden häufig die Wahrzeichen der Stadt ins Bild gerückt – vor allem die *Gateshead Millennium Bridge* und die *Tyne Bridge*. Bei seinen Ermittlungen reist das Team durch den öst-

Newcastle-upon-Tyne: Die *Tyne Bridge*, 1928 von George V. eröffnet – das Wahrzeichen der Stadt; im Vordergrund eine Häuserfront des historischen Stadtteils *Sandhill*

lichen Teil von Northumberland, und der reicht vom römischen *Hadrian's Wall* im Norden bis nach Durham im Süden, und auch die teilweise einsame Küste kann zum Tatort werden.

Ähnlich wie bei den Romanen um DCI Morse von Colin Dexter, deren Verfilmung die touristische Attraktivität von Oxford erheblich steigerte, haben dies auch die Filme mit Brenda Blethyn als DCI Vera Stanhope für Newcastle und Northumberland getan. Es gibt zahlreiche Offerten, die es Besuchern ermöglichen, auf den Spuren der zuweilen grantigen Detektivin die Gegend zu erkunden. Während aber bei Dexter das »geschriebene« und das »gefilmte« Oxford in unterschiedlich fiktionalisierter Realität erscheint, aber immer erkennbar bleibt, findet der Rezipient bei Cleeves die »Buchrealität« im Film teilweise als verändertes Angebot. Die Autorin, selbst lange in Northumberland lebend, betonte in einem Interview, wie wichtig eine Kenntnis der *location* sei und wie anregend für die kreative Phantasie des Schreibenden. Denn ein Blick auf die Örtlichkeit erkläre nicht selten das Verhalten der Personen – und vielleicht sogar die Verbrechen, die sich dort ereignen.

Die englischen Originale der Romane erschienen zwischen 1999 und 2017, wurden ab 2010 für das Fernsehen verfilmt, und aus acht Büchern machte man (bis jetzt) 40 TV-Folgen, mit dem simplen Serien-Titel »Vera«, in der deutschen Fassung mit der Ergänzung »Ein ganz besonderer Fall«. Allein das quantitative Übergewicht der Fernsehfolgen bestimmt inzwischen das Bild, das der Rezipient von den Schauplätzen der Krimis hat. Die Verbrechen geschehen an einem abgelegenen Platz, wo sich Schriftsteller im *Writers House* zu einem Workshop treffen (»Das letzte Wort«, 2012), aber auch mitten in einem Dorf, in dem ein Mörder Wert legt auf artifizielle Tarnung seiner Untaten (»Totenblüte«, 2010). Oder sogar direkt in der U-Bahn, als ein krimineller Halbstarker sich für die Ermahnungen einer älteren Dame rächen will (»Ein dunkler Fleck«, 2014). Im TV wird hier übrigens eine andere Person als Mörder entlarvt. Zwar fiktionalisiert Cleeves das Northumberland von »Vera«, aber ihre Hinweise auf lokale Vorbilder verhelfen der Leserphantasie zur Konkretisierung – und dem Filmteam bei der Suche nach Drehorten. Allerdings gibt es zahlreiche Abweichungen von den Textvorlagen in den

Verfilmungen, die einer attraktiveren Visualisierung geschuldet sind – und dem Interesse der Touristen an den Schauplätzen, was dann den Fremdenverkehr fördert.

So wohnt Vera im Roman in nicht zu verortender ländlicher Einsamkeit, im Film hat man ihr ein Cottage auf Lindisfarne gestiftet, das es der Detektivin in der Realität schwermachen dürfte, jeden Tag pünktlich an ihrer Dienststelle zu sein, denn Lindisfarne ist eine Gezeiteninsel und am besten bei Niedrigwasser zu erreichen. Sehr häufig finden Ermittlungen in der weiten Landschaft Northumberlands statt. Dann stapft Vera über Heideflächen und nähert sich vorsichtig einem Moorgebiet. Recht ironisch ist die Szenerie in »Seelentod« (2011), als Vera auf Anordnung ihrer Ärztin eine Abmagerungskur im Fitnessclub eines großen Hotels macht. Ihr Lebensstil sollte geändert werden, denn sie lebt im Wesentlichen von zu viel Fastfood und zu viel Bier, angereichert mit Whisky. Als sie dann noch eine Leiche im Dampfbad findet, ist sie wieder in ihrem Element, denn – so die Autorin – ein Mord bringt Vera immer zu neuer Lebendigkeit.

Wie schon in dem Roman »Ich will vergelten« führen auch in »Seelentod« die Ermittlungen nach Durham, und beide Male betrifft es Studentinnen, die an einem College der *Durham University* eingeschrieben sind. Auch wenn manche Einschätzungen die Universität im Ranking nahe Oxford und Cambridge sehen, gibt es wenigstens einen gravierenden Unterschied: Durham University gilt zwar als die drittälteste Universität des Landes, wurde aber erst 1832 gegründet. Allerdings hat Oliver Cromwell bereits 1657 ein College in der Stadt errichten lassen, um eine Konkurrenz zu Oxbridge zu etablieren, doch nach seinem Tod wurde dieses sofort wieder aufgelöst. Dafür aber ist die Stadt Durham älter als die Universitätsorte im Süden und hat eine bedeutendere Kirche: *The Cathedral Church of Christ, Blessed Mary the Virgin and St. Cuthbert of Durham* mit dem Schrein des Heiligen. Durch diesen Geistlichen besteht auch eine gewissermaßen spirituelle Verbindung zwischen Northumberland und dem County Durham, denn Cuthbert war Bischof in Lindisfarne gewesen, und seinen Leichnam überführte man nach Überwindung zahlreicher Hindernisse in die Kirche von Durham. Später erfolgte die Umbettung in die neuerbaute normannische Kathedrale, und da man dem Heiligen zahlreiche Wunder zuschrieb, wurde die Kirche eine wichtige Wallfahrtsstätte. Heute gehört sie als außergewöhnliches architektonisches Kunstwerk zum UNESCO Weltkulturerbe und zählt jedes Jahr sehr viele Besucher aus aller Welt. Neben dem Grab von Cuthbert liegt dort auch das von Beda Venerabilis, einem der bedeutendsten Gelehrten seiner Zeit. Wenn man sich heute Durham nähert, scheint die Stadt fast nebensächlich zu sein unter dem hochaufragenden Berg, der Gotteshaus wie Schloss trägt, womit Schutz und Macht gleichermaßen verkörpert werden.

Der wertvollste Schatz der Kathedrale ist das gut geschützt ausgestellte »St. Cuthbert Cross«; es steht im Mittelpunkt eines Verbrechens, das LJ Ross (i.e. Louise Ross, eine Juristin) in ihrem Roman »The Shrine« (2020) beschreibt. An einem Vormittag – die Kathedrale ist voll mit Besuchern – erschüttert eine schwere Explosion den Kirchenraum, die auch die Ehefrau des ermittelnden DCI Ryan verletzt. Sie arbeitet an der Universität, deren Hauptgebäude der Kathedrale benachbart ist. Während des rauchenden Chaos wird das Kreuz gestohlen, und bald muss die Polizei nicht nur einen Raub, sondern auch drei Morde aufklären – was ihr natürlich gelingt. Bei ihren Ermittlungen begleitet man die Beamten durch die Gegend um Durham bis hinauf nach Northumberland. Die Station der *Durham Constabulary* befindet sich – auch in der Realität – in der New Elvet Street, sinnigerweise in der Nähe von *HM Prison* und des Gerichtshofes. Aber am attraktivsten ist natürlich die Kathedrale, und auch in diesem Roman ist es das frevelhafte Eindringen des Verbrechens in den geheiligten Raum, das besonders verstörend wirkt. Nebenbei: In der Kathedrale wurden auch etliche Szenen der »Harry-Potter-Filme« gedreht – zum Beispiel für »Kammer des Schreckens« und »Stein der Weisen«. Was kriminelle Aktivitäten in der Kirche angeht, so gibt es einen Showdown in der TV-Serie »George Gently – Der Unbestechliche« (Folge »Todfreunde«). Die »George-Gently-Romane« hat der Autor Alan Hunter eigentlich in seinem heimatlichen Norfolk angesiedelt, doch die BBC hielt wohl den Norden für attraktiver.

Neben der Kathedrale steht *Durham Castle*, das inzwischen Teile der Universität beherbergt. Auch das *Castle* wurde von den

Nächste Doppelseite
Durham: Die Kathedrale auf dem Hügel oben, der Fluss Weir mit einem Tatort am Wehr unten

Normannen gebaut und liegt wie die Kirche auf einem Felsen hoch über der Stadt und dem Fluss Wear – diese Position diente natürlich dem militärischen Schutz beider Bauwerke im Mittelalter. Die ältesten Gebäude befinden sich alle auf einer Halbinsel, vom Fluss Wear umgeben, zusammen mit dem Mittelpunkt von Durham, dem Markt mit dem Rathaus und der St. Nicholas' Church. Allerdings sind die neueren Colleges über die Stadt verteilt, wodurch das Leben der Studenten etwas weniger kontrolliert zu sein scheint. Das macht es DCI Martin bei ihrem ersten Fall an ihrem neuen Kommissariat in Durham nicht gerade leicht, wie die Autorin Alice Clark-Platts, eine ehemalige Menschenrechts-Anwältin, in ihrem Roman »Bitter Fruits« (2015) beschreibt. Sie lässt diesen an einem besonders eindrucksvollen Ort beginnen, wenn sie ihn mit den Worten einleitet: »Die Leiche wurde in dem eisigen Sarg des Wehrs gefunden, die Kathedrale drohend von oben ihren Schatten werfend.« Tagsüber ein wunderschöner Anblick von unten auf die Kirche mit dem Haus der *Old Fulling Mill* (jetzt *Department of Archaeology*) davor, verändert sich der sonst so idyllische Schauplatz durch das Auffinden der toten Studentin. Die Kriminalisten müssen im universitären Milieu ermitteln, und das ist nicht wesentlich anders als das der Studierenden im Süden. Aber anders als früher ist es vor allem das Netzwerk der sozialen Medien, das Unfrieden schafft und viele Probleme. Zum Schluss ergibt sich als Mordmotiv – wie nicht selten – die gekränkte Eitelkeit eines abgewiesenen Liebhabers.

Die zuerst gegründeten Colleges liegen natürlich in dem ältesten Bereich auf der vom Fluss Wear umschlossenen Halbinsel mit Schloss und Kathedrale. Der Name dieses Bezirks – *The Bailey* – geht auf die normannische Bezeichnung für die Festungsanlagen zurück, und wenn man an den Resten der alten Mauer durch die schmalen Gassen mit den eine architektonische Idylle repräsentierenden Häusern geht, ist das Mittelalter näher als die Neuzeit. Die von einer so malerischen Historie verklärte Hochschule ist für die angehenden Akademiker verständlicherweise jedoch ein Ort neuzeitlicher Lebhaftigkeit, in dem die kulturelle Atmosphäre nicht immer als besonders wichtig gesehen wird. Die jungen Menschen nehmen Geschichte und Tradition höchstens als schmückendes Beiwerk für ihre – scheinbar – einfache Gegenwart.

Durham: Teil des Schlosses – Tor zur Universität

Nur die Kathedrale bleibt im wahrsten Sinne unbewegt, auch wenn in ihrem Schatten Morde geschehen.

Eigentlich müsste man jetzt die nächste Kathedralstadt ansteuern, nämlich York, etwas mehr als 100 km südlich von Durham in Yorkshire gelegen, doch dorthin kommen wir später. Statt also die M1 zu nehmen, machen wir einen Abstecher an die Küste und besuchen Whitby, jenen Hafenort, wo Graf Dracula angeblich zuerst englischen Boden betrat und in unheimlicher Gestalt unheimliche Untaten beging. So jedenfalls lässt es uns Bram Stoker wissen, der bei Ferienaufenthalten in Whitby einen der erfolgreichsten Horror-Romane der Weltliteratur entwarf: »Dracula«, erschienen 1897. Angeblich soll vor allem die Ruine der Abtei auf einem Hügel oberhalb der Stadt den Autor inspiriert haben. Und auch die ganz in der Nähe gelegene *St. Mary's Church* aus dem 12. Jahrhundert scheint mit ihrem alten Friedhof einen nachhaltigen Eindruck bei Stoker hinterlassen zu haben. In seinem Roman schreibt er, dass dieser Friedhof einen wunderbaren Blick über Stadt und Hafen erlaube, allerdings so steil abfalle, dass es schon einige Gräber in die Tiefe gerissen habe. Nebenbei: 2013 ereignete sich wieder ein Erdrutsch an der Kirche, und die Gebeine zahlreicher Toter mussten unten hinter Häusern wieder eingesammelt werden. Da der Friedhof aber schon lange aufgelassen war, gab es nur geringere Gruselerlebnisse. Bram Stoker und der blutdürstige Graf jedenfalls sind für den Tourismus von Whitby nicht wegzudenken.

Dabei ist die Ruine der Benediktinerabtei, die in der Regierungszeit Heinrich VIII. aufgelöst und dem Verfall überlassen wurde, auch ohne Vampir-Bezüge beeindruckend. Von dort oben hat man einen weiten Blick über die Stadt und das Meer, und wenn man anschließend dann vielleicht die 199 steilen Stufen zur *Church Lane* hinuntergeht, gelangt man weiter zur *Church Street* auf dem Weg zum Hafen. Diese enge, kopfsteingepflasterte Gasse mit ihren vielen kleinen, nicht nur touristisch ausgerichteten Geschäften vermittelt einen gewissen Eindruck vom Whitby des 19. Jahrhunderts. Das geschieht vor allem nach Einbruch der Dunkelheit, wenn die Tagestouristen den Ort verlassen haben und der Gang durch die Straße ein wenig in die Vergangenheit führt –

normalerweise ohne Vampire. Und falls man vom Auf und Ab der Besichtigung hungrig geworden ist, hält man in dem traditionsreichen Fischereihafen nach einem Lokal Ausschau, das möglichst den »Fang des Tages« anbietet. Dort am Kai nämlich türmen sich immer zahlreiche Genuss versprechende Hummerkörbe auf. Da es aber eine große Anzahl an entsprechenden Restaurants gibt, sollte man überlegen, welches Ambiente man für ein *seafood dinner* bevorzugt.

Wenn man ein traditionsreiches Haus favorisiert, bietet sich vielleicht das »White Horse & Griffin« an, eine alte Kutschenstation aus dem 17. Jahrhundert, in der angeblich schon Captain James Cook und Charles Dickens verkehrt haben sollen. Das Haus hat einen stimmungsvollen Gastraum und ein gutes Angebot an Fisch und Meeresfrüchten, manchmal auch ein großes *seafood platter*. Moderner ist »The Star Inn The Harbour«, am Hafen gelegen mit

Im Hafen von Whitby – ein altes Segelschiff im Vordergrund und die *St. Mary's Church* auf dem Hügel im Hintergrund

Blick auf die Boote, die gerade den frischen Fang bringen. Eines der bekanntesten und bei Touristen besonders beliebten Restaurants – lange Schlangen verlangen häufig Geduld – ist das »Magpie Café« an der *Pier Road* als ausgewiesenes Fish'n' Chips Etablissement.

Der Gedanke an den vampirischen Grafen mag sich vielleicht negativ auf den Appetit auswirken, doch der Blutgierige ist Geschichte – eigentlich. Bei kriminellen Aktivitäten der Gegenwart wird jedoch versucht, ihn, den Untoten, in einem Mordfall zu »revitalisieren«. In dem Roman »Death's Disciple« (2013) beschreibt der Autor James Whitworth die Morde an Mitgliedern einer alten Familie in Whitby. Diese lebt in einem großen Haus in der Nähe der Abbey auf dem East Cliff, mit weitem Blick entlang der Küste bis Robin Hood's Bay. Das erste Opfer ist die Matriarchin des Hauses, die erwürgt aufgefunden wird mit dem Dracula-Roman neben sich, und die Presse macht daraus die mögliche Untat eines Schülers von Dracula. Der Detektiv DCI Miller muss bei seinen Ermittlungen viele Gespräche führen und tut dies häufig in verschiedenen Lokalen des Ortes, vor allem in der *Church Street* – vom »White Horse & Griffin«, dessen spezielle Atmosphäre ihm gefällt, bis zum »Walrus & The Carpenter«, einem gemütlichen Café, dessen Name der Titel eines Gedichtes von Lewis Carroll ist. Dieser war häufig in Whitby, und ähnlich wie Bram Stoker stieg er im *Royal Hotel* ab, dessen Bar auch Martin mit seinem Sergeanten besucht. Da der Roman in der dunklen Jahreszeit spielt, wird das scheinbar Unheimliche der Stadt durch dichte Nebel verstärkt, die vom Meer heraufziehen. Zum Schluss stellt sich heraus, dass kein vampirisches »Nachfolge-Monster« aktiv war, sondern – wie häufig – menschliche Rachsucht mordete. Dennoch: Whitby ohne Dracula ist kaum zu denken, jedenfalls nicht für den Tourismus!

Auf dem Weg nach York sollten wir einen weiteren Umweg machen und dabei durch den *North York Moors National Park* fahren, dessen aus Heide und Moor erwachsene Landschaft in ihrer Einsamkeit und Rauheit beeindruckt. Und dann halten wir in Goathland, einem kleinen Ort, der berühmt wurde durch die Verfilmung der Bücher von Nicholas Rhea. Natürlich ereignen sich auch hier Untaten, aber zu deren Aufklärung muss niemand von Scotland Yard anreisen, sondern ein »einfacher« Constable sorgt für die schnelle Überführung von Tätern. Darüber schreibt Nicholas Rhea (i.e. Peter N. Walker), selbst ein ehemaliger »Dorfbobby«, in seinen Romanen mit der Hauptfigur PC Nick Rhea. Dieser wird in das Dorf Aidensfield versetzt – ähnlich wie Goathland mitten im Moor gelegen – und bezieht sein Haus auf dem Hügel in der schönsten Landschaft, die es seiner Meinung nach gibt. Er muss sich als Außenstehender langsam in die Dorfgemeinschaft einfinden, was zwar schwierig ist, aber im Laufe der Zeit gelingt. Unterschiedlich schwierig sind die polizeilichen Aufgaben, die er erfüllen muss: Ein Schweinedieb ist zu fangen, ein Brand scheint gelegt zu sein, Wilderer treiben ihr Unwesen und ein entlaufenes Schaf wird wiedergefunden.

Die Bücher der Serie (erschienen zwischen 1979 und 2011) haben so beruhigende Titel wie »Constable on the Hill«, »Constable across the Moors« oder »Constable along the Lane«, und die Handlung spielt in den 60er-Jahren, als es in den Dörfern noch relativ beschaulich zuging. Der Ich-Erzähler beschreibt das mit der Bemerkung: Wenn es im Monat drei Straftaten innerhalb des Distrikts gab, wurde seitens der Presse bereits von einer Verbrechenswelle gesprochen. Es ist geradezu entspannend, einmal von polizeilicher Arbeit zu lesen, die als Idyll zu beschreiben nicht völlig abwegig ist. Insofern sind die Romane von Rhea relativ »unblutige« Krimis, auch wenn es in »Constable in the Shrubbery« einen Mord gibt. Die Romane von Rhea wurden sehr erfolgreich für das Fernsehen produziert, und die Serie war nicht ganz so »*cozy*« wie die Romane. 18 Jahre und 18 Staffeln lang drehte man in Goathland die Episoden zu »Heartbeat« – das Wortspiel verbindet »Herzschlag« und »Streife« (engl. *beat*). Nebenbei: Der Bahnhof von Goathland erscheint auch in einigen Harry-Potter-Filmen.

Dass es in der rauen Landschaft durchaus rau, zumindest rauer als in Aidensfield / Goathland zugehen kann, zeigt ein Roman von Helen Cox, die in Yorkshire geboren und aufgewachsen ist. In dem Buch »Murder in the Moorland« (2020), hat DCI Halloran von der Polizei in York den Mord an einer Archivarin aufzuklären, welcher nach demselben Modus Operandi verübt wurde wie der an seiner Frau viele Jahre

Nächste Doppelseite
Die Ruine von *Whitby Abbey* – eine Inspiration für Bram Stokers *Gothic Novel* »Dracula«

Übernächste Doppelseite
West Yorkshire – Landschaft nahe Haworth

zuvor. Und da das Verbrechen in jenem Ort im *Moorland* verübt wurde, an dem er seinerzeit lebte, muss er auch in seine eigene Vergangenheit zurückkehren. Bei dieser Unternehmung (und auch bei anderen) begleitet ihn seine Freundin, eine Bibliothekarin, ebenfalls in York lebend. Und da diese eine begeisterte Leserin von Kriminalromanen ist, glaubt sie sich selbstverständlich qualifiziert, bei polizeilichen Ermittlungen helfen zu können. Damit der Leser dem Paar besser auf der Tour über die Weiten des Moores folgen kann, gibt es interessante Beschreibungen der rot-braunen Heidelandschaft wie auch einzelner Orte. Besonders malerisch ist Hutton-le-Hole, ein kleines – reales – Dorf mit einem großen *village green*, über den Touristen wie Schafe gleichermaßen wandern. Und da die Geschichte der Orte weit bis ins sehr frühe Mittelalter zurückführt, wundert es nicht, dass im Mittelpunkt der jeweiligen kriminellen Aktionen ein Zeugnis aus angelsächsischer Tradition steht.

Sehr viel intensiver aber ist die Begegnung mit der Tradition am Dienstort des Polizisten Halloran in York, einer Gründung aus der Römerzeit. Später kamen die Wikinger, die auch ihre Spuren hinterließen, aufbewahrt im *Jorvik Viking Centre*, einer Museumsgründung von 1984, das Touristen an die norwegischen Einflüsse erinnern soll. Den nachhaltigsten Eindruck aber dürfte das mittelalterliche Stadtbild bei den Besuchern hinterlassen: die alten Mauern, auf denen man die Stadt umrunden kann und von denen man fast immer einen Blick hat auf den bedeutendsten Bau Yorks – die Kathedrale. Diese ist nach der *Canterbury Cathedral* die wichtigste im Königreich: *Cathedral and Metropolitical Church of Saint Peter* in York (Baubeginn im 11. Jahrhundert). Die Kathedrale, meist nur *York Minster* genannt, ist eine der größten Kirchen in Nordeuropa und Sitz des Erzbischofs von York. 1984 hätte ein Feuer beinahe das Gotteshaus zerstört, wenn nicht der Einsatz von Feuerwehr und Geistlichkeit rechtzeitig gekommen wäre. Bezeichnenderweise hielten nicht wenige Menschen in York den durch Blitzschlag verursacht Brand für eine Intervention Gottes, da der Bischof von Durham – für Traditionalisten fast ein Häretiker – drei Tage zuvor in der Kirche geweiht worden war.

Auch wenn man durch die engen Straßen geht, von denen die mittelalterliche

York – die Kathedrale

Orthokind
STRADA
Oxfam
Books
NOA
NOA

Handwerkergasse *Shambles* eine besondere Touristenattraktion darstellt, kann man fast immer die Türme der Kathedrale sehen, die mit einem besonderen Ehrentitel als *Minster* firmiert. In einer solchen Kirche darf eigentlich kein Verbrechen geschehen, und deswegen nennt Cox einen anderen Roman auch nur »Murder by the Minster«. Selbst der Titel »Murder by the Cathedral« wäre missverständlich gewesen, denn immerhin gibt es seit 1935 das Drama von T. S. Eliot »Murder in the Cathedral«, das den Mord an Thomas Becket in der Kathedrale von Canterbury im Jahre 1170 beschreibt – Kirchen sind also nicht immer ein Hort des Friedens. Wieder gehen der DCI und sein Sidekick, die Bibliothekarin Kitt, auf Mörderjagd, da der Ex-Freund ihrer Freundin getötet wurde. Und »Jagd« kann man sogar wörtlich nehmen, denn am Schluss gibt es eine Verfolgungsjagd durch die engen Straßen und über die Brücken von York, um schließlich – beinahe tödlich für alle Beteiligten – im Fluss Ouse zu enden. Zur seelischen Überwindung aller Schrecknisse ist dann ein Besuch im *Minster* dringend anzuraten. Und sollten die Besucherschlangen am Eingang zu lang sein, kann man diese umgehen, wenn man an einer Andacht oder an dem *Even Song* teilnehmen will – für viele Menschen eine spirituelle Erholung und das nicht nur nach kriminellen Ereignissen.

Von York nach Harrogate ist es nur eine kurze Strecke, und ein Besuch in dieser Kurstadt kann im Prinzip durchaus gesund sein, sofern man nicht in die Nähe von Mördern kommt – doch davon gleich. Harrogate ist eine von zahlreichen *spa towns* in England, die heute noch Kranken Gesundung ermöglichen. Die berühmteste ist sicherlich Bath im Süden, die den badefreudigen Römern ihr Entstehen verdankt, und auch Royal Tunbridge Wells im Südosten von London lebte lange von den Gesundheitssuchenden ebenso wie Cheltenham im Westen. Doch inzwischen hat die Attraktivität der heilenden und nicht immer wohlschmeckenden Quellen abgenommen, und die meisten *spa towns*, ob fashionable oder nicht, mussten neue Ideen für den Tourismus entwickeln. Bath hat ein geschlossenes Stadtbild mit der *Georgian* Architektur des 18. Jahrhunderts, die Erinnerung an Jane Austen sowie eine neue Therme.

York, *The Shambles* – eine Gasse aus dem Mittelalter, in der früher nur Schlachterläden waren

inch
box@
number
37
The Earl Grey
Tea
Rooms
GUEST
WALKER

Cheltenham hat die Nähe zu den Cotswolds, eine berühmte Pferderennbahn mit Wettbewerben wie dem Cheltenham Gold Cup, einem Hindernis-Rennen, und mehrere kulturelle Festivals, darunter auch ein Literaturfestival.

Und das hat auch Harrogate und zwar ein ganz spezielles für die Freunde von Kriminalromanen: das *Theakston Old Peculier Crime Writing Festival.* Seit 2005 treffen sich unter der Schirmherrschaft der Theakston Brauerei alljährlich Kriminalautorinnen und -autoren, um über ihre Bücher zu sprechen und sich mit dem Publikum auszutauschen. Diese Zusammenkunft findet im *Old Swan Hotel* statt, das eine besondere Vergangenheit mit Krimi-Autoren hat. 1926 verschwand Agatha Christie auf mysteriöse Weise; sie hatte von dem Ehebruch ihres Mannes erfahren, und man vermutete einen Selbstmord. Eine intensive Suche begann, an der sich sogar Dorothy Sayers und Conan Doyle beteiligten, doch erst ein Musiker des Orchesters im *Old Swan* erkannte sie, die sich unter dem Namen der Geliebten ihres Mannes ins Gästebuch eingetragen hatte. Das gesamte Ereignis wurde mit »Amnesie« erklärt, und weder Christie selbst noch einer ihrer Biographen lösten das Rätsel.

Nicht immer aber gehen Rätsel so gut aus, denn auch eine Konferenz von Krimispezialisten kann gefährlich werden, zumindest ist das die Erfahrung von John R. Ellis, die er in seinem Roman »The Royal Baths Murder« (2019) beschreibt. Das Treffen findet im Hotel *White Swan* [sic!] statt, und dabei zieht ein besonders prominenter und besonders unsympathischer, da extrem egozentrischer Autor die Aufmerksamkeit auf sich. Schon bald zeichnet sich ab, dass eine solche Person ein ideales Mordopfer sein könnte. Da der Mann sich ein beträchtliches Vermögen erschrieben hat, kann er einen Aufenthalt in den *Royal Baths* als einziger Gast buchen, um ohne die *hoi polloi* das Spa zu genießen. Immerhin ist er dabei an einem sehr traditionsreichen Ort, denn die königlichen Bäder, 1897 eröffnet, boten den Reichen und dem Adel Entspannung und manchmal sogar Heilung von Gebrechen, die häufig dem Wohlleben geschuldet waren. Eine Abteilung dieser Spa-Anlage war ein sogenanntes Türkisches Bad, und unter diesem Begriff wurde der Komplex renoviert und als *Turkish Baths and Health Spa* neu eröffnet. Leider ist der Besuch des Bades für den Autor nicht gesund, sondern tödlich, und DCI Oldroyd, der Spezialist für unlösbare Fälle, muss eingreifen. Erst nach zwei weiteren Mordopfern kann er die Ermittlungen erfolgreich abschließen, Verbrechen aus Rachsucht konstatieren und sich über sein eigenes Liebesglück freuen. Und wem heute ein Aufenthalt direkt in Harrogate zu gefährlich erscheint, der geht vielleicht in ein Hotel außerhalb: *Rudding Park* zum Beispiel liegt ruhig mitten im Grünen, ein altes Herrenhaus mit modernen Erweiterungen und einem eigenen Spa – und wem das zu viel Entspannung ist, der liest einen Krimi am Pool.

Wer aber einen besonderen Ort auf der literarischen Landkarte aufsuchen möchte, sollte von Harrogate etwa 50 km westlich reisen, am besten durch Nidderdale, eine *Area of Outstanding Natural Beauty*, um noch einmal die Schönheit der Yorkshire-Landschaft zu erleben. Und dann erreicht er einen der berühmtesten Orte der englischen Literatur: Haworth, der Lebensmittelpunkt der Schwestern Brontë, den Töchtern eines Pfarrers. Die Literatur *über* die schreibenden Schwestern füllt Meter an Regalbrettern, die Literatur *von* Charlotte, Anne und Emily zwar nur ein Brettchen, dafür aber ist sie gewichtiger als alles andere. Und die vielen Bücher über sie sind nicht nur Interpretationen der insgesamt sieben Romane der Brontë-Schwestern. Häufig sind es Biographien, die zu erklären versuchen, warum drei junge Frauen in der rauen Landschaft und scheinbaren Abgeschiedenheit von Haworth diese Werke schreiben konnten. Nun, abgesehen davon, dass sie durchaus in der Welt »draußen« waren, sei es als Internatszögling, Lehrerin oder Gouvernante, so hatten sie in gewisser Weise das »Zimmer für sich allein«. Die Forderung von Virginia Woolf für schreibende Frauen erfüllte sich für die Schwestern zumindest insofern, als sie zu dritt in mehr oder minder trauter Gemeinschaft zusammensaßen und sich auf ihre Kreativität konzentrieren konnten. Diese entwickelten die Mädchen zusammen mit ihrem begabten Bruder Bramwell während der Kinder- und Jugendjahre gemeinsam. Und lange Wanderungen über die häufig von Stürmen umbrausten Höhen des weiten Moorlandes rings um den kleinen Ort hinterließen vor allem bei Emily Eindruck. Dieser war so nachhaltig, dass ihr erster und einziger Roman »Sturmhöhen«

eine genauso raue, geradezu brutale Lebenswelt der Menschen zeichnete.

Wenn man heute nach Haworth kommt und das ehemalige Pfarrhaus besichtigt, das dunkel und grau am Rande des Friedhofs liegt, erscheint die Szenerie selbst bei Sonnenschein etwas unheimlich. Noch unheimlicher wird es, wenn man zwischen den kreuz und quer stehenden oder liegenden Grabsteinen über den Friedhof wandert und sich vergegenwärtigt, dass zur Zeit der Brontës die Leichen in den Gräbern wegen des vom Hang herabfließenden Wassers kaum verwesten und das zur absolut unhygienischen Situation in dem Ort beitrug. Diese war auch bestimmt durch die beginnende Industrialisierung, die miserablen Wohnverhältnisse und den Schmutz auf den Straßen. All das zusammengenommen ließ Haworth zu einem der ungesundesten Orte außerhalb der Londoner Slums werden und be-

Haworth: Das Pfarrhaus, in dem die Brontë-Schwestern lebten, umgeben vom Friedhof

wirkte eine geringe Lebenserwartung der Bevölkerung. Auch die Brontë-Schwestern starben jung, und die Verbesserungen der Infrastruktur, die ihr Vater angemahnt hatte, kamen für sie zu spät.

Charlotte lebte am längsten, und das ist für den Autor James Tully ein klares Indiz für kriminelle Machinationen der Schriftstellerin. In dem Roman »Die Verbrechen der Charlotte Brontë und das Geheimnis von Haworth« (2003) beschreibt Tully die fürchterlichen Aktivitäten von Charlotte Brontë, genauer: Er lässt sie beschreiben durch die Aufzeichnungen der Haushälterin der Brontës, die ein Anwalt 150 Jahre später auf dem Speicher seiner Kanzlei gefunden hat. Und so entwickelt sich das Grauen, nachdem der Kurat Nicholls als Hilfe für den kränklichen Pfarrer Brontë erschien. Einerseits charmiert er die jungen Frauen, um dann aber andererseits – angefangen mit dem Bruder – sukzessive die Familie umzubringen. Dabei hätte ihm angeblich auch Charlotte als Giftmischerin geholfen, und das Pfarrhaus wäre in ein »Mordhaus« verwandelt worden. Um seine Komplizin an sich zu binden, heiratete sie der Hilfsprediger und um sie wieder loszuwerden, ermordete er auch sie. Tully, im Hauptberuf ein Kriminologe, wollte seinen Roman eigentlich als ein *true crime*-Buch veröffentlichen, doch das lehnten die Verlage ab. Und so bleibt es ein Krimi über Lust und Laster im Pfarrhaus von Haworth – für Brontë-Liebhaber wohl kaum akzeptabel. Dann gibt es nur noch eines: Man geht auf einen Drink in den *Black Bull*, wo schon Bramwell Brontë als Stammgast seinen Frust ertränkte. Nebenbei: Dort hört man dann auch vielleicht von dem merkwürdigen Unternehmen der Schwestern, die eine Detektivagentur gegründet haben. Auch damals gab es Verbrechen auf stürmischer Höhe, und die wollen aufgeklärt werden. (Bella Ellis, »Die verschwundene Braut«, 2020).

Emily, die nur einen Roman schrieb, wird indirekt zur Heldin eines anderen Brontë-Krimis. Robert Barnard lässt seinen Detektiv Perry Trethowan entdecken, dass es einen bisher unbekannten Roman von ihr gibt. In dem Buch »Emilys Erbe« (der Originaltitel »The Case of the Missing Brontë«, 1983, ist eigentlich spannender) muss der Polizist in einem Yorkshire-Dorf nach einer Autopanne Station machen. Im Pub wird er von einer älteren Dame, der pensionierten Lehrerin Edith Wing, angesprochen, die ihm von ihrer Vermutung erzählt, ein unbekanntes Manuskript von Emily Brontë zu besitzen. In der Tat wäre ein solches Werk von ungeheurem Wert für Wissenschaftler, Sammler und Brontë-Fans. Da wundert es nicht, dass die Schatzbewahrerin Wing bald die Bekanntschaft von bösen Buben machen muss. Glücklicherweise überlebt sie den Überfall, und glücklicherweise wird auch das Manuskript gerettet – so könnte die Brontë-Forschung ein neues Kapitel beginnen, wenn es diesen Text denn wirklich gäbe. Und nach der Lektüre von Tullys Roman ist es geradezu eine Erleichterung, einen »Brontë-Krimi« zu lesen, in dem niemand gemeuchelt wird.

Haworth: Das Pub *Black Bull*,
der Lieblingsaufenthalt von Branwell Brontë

BLACK BUL
Haworth

Von Norfolk bis Cornwall

Während zu Beginn des letzten Kapitels die Urlaubsfrage »Berge oder Meer?« zugunsten der Berge entschieden wurde, sollen jetzt die Liebhaber von Wind und Wellen zu ihrem Recht kommen. Zwar waren wir bereits kurz an der Küste, und zwar in Northumberland und Yorkshire, doch jetzt soll eine Reise an der gesamten Ost- und Südküste Englands entlang unternommen werden. Unter touristischen Gesichtspunkten beginnt die attraktive und viel besuchte Küstenlandschaft Englands in East Anglia, und von dort aus zieht sie sich im Osten bis zur Themsemündung, dann im Süden bis Dorset und im tiefen Süden von Torquay in Devon bis um die Landspitze Cornwalls herum.

In East Anglia sind es vor allem die *Counties* Norfolk und Suffolk, die Touristen wie Kriminalisten gleichermaßen anziehen – erstere als Erholungssuchende, letztere als Verbrechersuchende, denn im englischen Osten werden zumindest literarische Verbrechen reichlich begangen. Norfolk sollte eigentlich friedlich sein, denn es ist gewissermaßen – neben Balmoral im schottischen Aberdeenshire – die »Ferien-Grafschaft« der königlichen Familie. Diese besitzt in Sandringham nahe King's Lynn ein großes Anwesen, auf dem Weihnachten und andere Familienfeste gefeiert werden. Allerdings ereignete sich dort auch ein Todesfall, dessen juristische Einschätzung nicht ganz einfach ist, da auch ein Mord angenommen werden kann. König Georg V., der Großvater von Königin Elisabeth II., lag 1936 sehr krank, wahrscheinlich moribund, aber noch ansprechbar, darnieder, als sein Leibarzt Dawson es für angebracht hielt, ihm eine Spritze aus einer Kombination von Morphium und Kokain zu geben; diese Spritze führte schnell zum Tode. Nachdem die Tagebücher des Arztes 1986 veröffentlicht wurden, begann die Diskussion,

Steilküste am *Birling Gap* nahe Eastbourne

Der Hafen von Torquay

ob diese Behandlung Euthanasie gewesen sei oder Mord, wobei natürlich immer die Wahrung der königlichen Würde berücksichtigt werden musste. Pikanterweise war das *timing* von Dawson darauf gerichtet, dass die Todesnachricht rechtzeitig am nächsten Morgen von der seriösen *Times* und nicht am Abend von den Boulevardblättern veröffentlicht werden konnte, was man dem Ereignis gegenüber als würdelos empfunden hätte. Ein Kommentar der Royals zu dieser problematischen Aktion liegt jedoch nicht vor.

Es gibt auch kein königliches Statement zu den fiktiven kriminellen Geschehnissen in den verschiedenen Schlössern der Monarchin, wobei im Kontext dieses Kapitels der von dem Autor C. C. Benison beschriebene Fall vom »Mord auf Schloss Sandringham« (1996) interessiert. Es ist die Weihnachtszeit, in der sich die königliche Familie immer in Sandringham versammelt, um zu feiern, zu jagen und Spaß zu haben mit dem speziellen englischen Weihnachtsvergnügen, den *pantos*, effektvoll gespielten Pantomimen. Das Vergnügen wird erheblich dadurch beeinträchtigt, dass zwei Morde geschehen, wertvolle Schmuckstücke verschwinden und die Zahl der Verdächtigen im Laufe der Ermittlungen wächst. Da liegt es natürlich nahe, dass Königin Elisabeth, für Eingeweihte immer als HM bezeichnet, sich in die Untersuchung einschaltet und dabei die Hilfe des Hausmädchens Jane Bee in Anspruch nimmt. Mit ihrer überlegenen Kombinationsgabe gelingt es der Monarchin, den Fall zu lösen und die Morde aufzuklären. Obendrein kann sie das gestohlene Schmuckstück bis zu ihrem nicht sonderlich geliebten Onkel, dem Herzog von Windsor, und dessen Frau Wallis Simpson zurückverfolgen und dabei eine Rückschau auf englische Geschichte halten. Nebenbei: Auch ihr Urgroßvater, König Edward VII., hat als Prince Bertie Detektivarbeit betrieben – so jedenfalls kann man es bei Peter Lovesey lesen in seinen »Prince of Wales Mysteries« (1987–1993).

Sandringham ist etwa acht Kilometer von der Küste entfernt, was vielleicht Prinz Philip, den ehemaligen Marineoffizier, erfreut haben mag, doch der nächstgelegene Hafen von King's Lynn dürfte den Ansprüchen eines weitgereisten *sailor* kaum genügt haben. Wer Ferien am Strand machen möchte, muss an der Küste weiter Richtung Süd-Osten reisen, denn erst bei Cromer beginnt die eigentliche Ferienlandschaft. Und wenn man sich mit Morden am Meer beschäftigt, ergibt sich ein ähnlicher Sachverhalt wie auch bei anderen Krimis: Die Verbrechen geschehen in starkem Kontrast zu einer Umgebung, die eigentlich Erholung und Vergnügen bereithalten soll. Zu einem englischen *seaside resort* gehören ein Pier mit Bingohalle und Spielautomaten, eine Strandpromenade, eine Punch and Judy-Show, Eselreiten und viele fröhliche Kinder, die Eis lutschen und Zuckerwatte schlecken. Nicht dazu gehören Leichen am Strand oder in der näheren Umgebung. Doch genau da werden jene von unsensiblen Mördern platziert, die auf Feriengefühle keine Rücksicht nehmen! Diese unangenehme Erfahrung lässt Alan Hunter seinen Detektiv George Gently in dem Roman »Gently by the Shore« (1956)

machen, wobei die Entstehungszeit dieses Buches ihren Niederschlag findet in den kriminellen Aktivitäten und deren Bezügen zum »Kalten Krieg«. Der Inspektor von Scotland Yard wird zu einem Mordfall nach Starmouth gerufen, einem Ort, der wohl Ähnlichkeiten aufweisen soll zu Great Yarmouth, einem beliebten Badeort mit Strand, Pier und *amusement arcades* an der Ostküste. Die Presse ist natürlich begeistert, kann sie doch Schlagzeilen fabrizieren wie »The Body on the Beach« und die Leser den Kopf zerbrechen lassen, was da wohl geschehen sein mag. Zu rätseln gibt es einiges, denn die nackte Leiche weist zahlreiche Stiche und Foltermale auf, ihre Identität ist nicht feststellbar, und warum sie gerade auf dem von Erholungssuchenden frequentierten Strand niedergelegt wurde, bleibt vorerst auch unklar. Obwohl er den Fall lösen kann, ist für Gently eine Erkenntnis unbestreitbar: Es gibt eine noch unerforschte Verbindung zwischen Seebädern und Mord, denn anscheinend hat das Meer einen schlechten Einfluss auf die Kriminalstatistik. Das Problem genauer zu untersuchen, wird Thema dieses Kapitels sein – auch wenn eine Lösung unwahrscheinlich sein dürfte.

Der Autor Francis Beeding (ein Pseudonym von Hilary St. George Saunders & John Palmer) lässt in seinem Roman »Death Walks in Eastrepps« (1931) einen Serienkiller aktiv werden. Eigentlich ist das fiktive Eastrepps ein ruhiger, erholsamer Küstenort für Golfspieler und Pensionisten, und da in der Nähe reale Orte liegen wie Northrepps und Southrepps, dürfte dadurch eine enge Verbindung zu Cromer angenommen werden. Obendrein weist der Schauplatz des Romans mit Straßennamen, Kirche und Leuchtturm auf eine Beziehung zu dem bekannten Badeort hin, und auch die Nennung des Ortes West Runton, der durch Grasland von der See getrennt ist, zeigt die Verbindung zu Cromer. Diese friedliche Gegend wird von einem *mad man* heimgesucht, dessen Opfer nach dem Zufallsprinzip ausgewählt zu sein scheinen. Und während sonst das Meer eher Ferienassoziationen befördert, geschehen in diesem Roman die Morde angesichts der lichtlosen, unheimlichen See. Der Strand ist leer, der Ort fürchtet um seine Attraktivität für Touristen, und der Mörder mordet weiter trotz einer Bürgerwehr, die sich etabliert hat. Wenn man dann einem späteren Opfer auf seinem von Angst überschatteten Gang durch die dunklen Straßen an den Strand folgt, wird hier die sonst so heitere, nun düstere Szenerie eingesetzt für Spannung und Schauder. Da der Täter wie so häufig auf den letzten Seiten des Romans überführt wird und die Leser erstaunen dürfte, können die Erholungsuchenden wieder nach Cromer reisen. Und wenn sie sich etwas kulinarisch Gutes tun möchten, sollten sie sich die Spezialität der Gegend gönnen – den *Cromer Crab*. Dieser hat mehr und angeblich delikateres weißes Fleisch als anderswo gefischte Taschenkrebse, was auf das besonders klare und nahrungsreiche Wasser in dieser Region zurückgeführt wird. Man fängt ihn hier schon seit hunderten von Jahren, und richtig zubereitet ist er eine Delikatesse, die mit einem kühlen – vielleicht sogar englischen – Weißwein noch besser schmeckt. Schließlich wird im Süden Englands seit den Römern Wein angebaut, und das mit bemerkenswerter Qualität und zunehmendem Erfolg.

Norfolk scheint ein »Elysium« für Serienkiller zu sein, denn auch P. D. James lässt einen solchen in ihrem Roman »Vorsatz und Begierde« (1990) auftreten. Allerdings weist sie in einer Vorbemerkung darauf hin, dass das Buch auf einer fiktiven Landzunge an der Nordsee spielt, irgendwo zwischen Cromer und Great Yarmouth, und auch das Atomkraftwerk, welches eine nicht geringe Bedeutung hat für die Handlung, gibt es hier nicht. Vielmehr steht an der englischen Ostküste zwischen Aldeburgh und Southwold nur das Kraftwerk Sizewell, auf das im Text kurz hingewiesen wird. Die Arbeit in dem AKW auf der Landzunge Larksoken beschreibt James realistisch und kenntnisreich (sie ließ sich für die fachlichen Details ihrer Romane immer von Experten informieren), doch es ist sicher für die Leser beruhigend, über Probleme in einem Kernkraftwerk zu lesen, das es *nicht* gibt. Andere Örtlichkeiten hingegen sind authentisch und ein raffiniertes Mittel, so die Feststellung von James, für die Leser eine größere Wirklichkeitsnähe zu erzielen. Die karge Landschaft erscheint bei Tageslicht relativ heiter, auch wenn der Koloss der *power station* ein wenig bedrohlich wirkt; bei Nacht und stürmischem Wetter allerdings ist die Gegend geradezu unheimlich – eine richtige *murder location*. Und so treibt hier an der Küste ein serienmordender Verbrecher sein Unwesen, von den ängstlichen Menschen der Gegend »Whistler« genannt, dem schon mehrere Frauen zum Opfer fielen.

Häuserreihe am Strand von Aldeburgh

Natürlich gehören die Ermittlungen in die Verantwortung der örtlichen Polizei, doch auch ein oberer Beamter aus London muss sich unfreiwillig mit dem Geschehen befassen. Commander Adam Dalgliesh von Scotland Yard verbringt einige Tage dort an der Küste, und er liebt die einsamen Wanderungen über den Strand, dicht am Brandungssaum des Meeres. Leider muss er während eines solchen Ganges die Leiche der Geschäftsführerin des AKW finden, und das trägt nicht gerade zur Erholung bei trotz aller polizeilichen Professionalität. Es gibt viele Verdächtige – vom alleinerziehenden Künstler über den Proteste organisierenden Atom-Gegner bis hin zum Direktor des AKW, dem Geliebten der Ermordeten. Am Ende schließt die Polizei den Fall ab, da alle Verdächtigen zwar bekannt, aber tot sind. Und die ruhige Einsamkeit der Küstenlandschaft wird nur von den Lauten der Vögel unterbrochen – das AKW schweigt.

Etwas weiter im Süden kommen wir in die Grafschaft Suffolk, in der wir bereits kurz bei der Lektüre von Lois Austen-Leighs Roman »The Incredible Crime« im 2. Ka-

pitel waren. Aber nicht nur die Heldin des Buches reist an die Küste, auch die Autorin hat einen großen Teil ihres Lebens dort verbracht und zusammen mit ihrer Schwester ein Haus in Aldeburgh bewohnt. Der Ort, ursprünglich ein Fischereihafen, entwickelte sich in der 2. Hälfte des letzten Jahrhunderts zu einem kulturellen Zentrum an der Ostküste. 1948 gründeten der Komponist Benjamin Britten und sein Partner Peter Pears zusammen mit dem Librettisten Eric Crozier das »Aldeburgh Festival of Music and the Arts«, das seitdem immer im Juni stattfindet und als eines der wichtigsten Festivals für klassische Musik weltweit gilt. Lois Austen-Leigh war angeblich auch bekannt mit Britten, der als junger Mann für sie Klavier gespielt haben soll. Wer an dem Komponisten besonders interessiert ist, kann ihm dort gleichsam auf dem *Britten Trail* folgen, der zu seinem 100. Geburtstag installiert wurde. Aldeburgh ist natürlich auch ein Ferienort, selbst wenn der steinige Strand nicht jedermanns Sache ist. Aber die Reihe der bunten Häuser am Strand, die Fischbuden und kleinen Bars lassen durchaus *holiday feelings* aufkommen. Vielleicht wird manchen Gästen die Entspannung dadurch beeinträchtigt, dass man sich am Strand fast im Schatten des AKW von Si-

Fischbude für hungrige Feriengäste

zewell sonnt, aber anderen könnten ein paar himmlische Strahlen trotzdem erholsam erscheinen.

In Aldeburgh nächtigen auch zwei als Detektive agierende Protagonisten in Suzette A. Hills Roman »A Southwold Mystery« (2015), da sie dem Trubel von Southwold, dem Zentrum des späteren kriminellen Geschehens, entgehen wollen. Ihr Hotel *The Sandworth* liegt in Aldeburgh fast direkt am Meer, von diesem nur durch eine schmale Straße und den Kieselstrand getrennt. Wenn man die Namensähnlichkeit und die Lagebeschreibung bedenkt, dürfte die Autorin wohl an das Hotel *The Wentworth* gedacht haben, das noch am ehesten den Ansprüchen der beiden Männer genügt haben dürfte. Der eine nämlich hat ein exklusives Blumengeschäft im vornehmen Londoner Stadtteil Knightsbridge und beliefert auch *Queen Mum*, der andere arbeitet als Universitätsprofessor. Die Dritte im Bunde ist Rosy Gilchrist, eine Angestellte des *British Museum*, und da der Roman 1955 spielt – der Weltkrieg ist noch nicht so lange vorbei –, kann Rosy auf ihre Erfahrungen zurückgreifen, die sie beim Militär gesammelt hat. Der Florist soll als Juror bei der Blumenschau in Southwold fungieren, und Rosy hat eine ältere Freundin nach Southwold begleitet. Doch dann ereignen sich auf der Schau ein Mord und wenig später ein zweiter; das erste Opfer ist eine Autorin, das zweite ein Verleger – wie es scheint, sind das gefährliche Professionen. Zumindest dann, wenn unentdeckte Skandale der Vergangenheit in Buchform öffentlich gemacht werden sollen. Die Polizei des Ortes kann den Täter ermitteln, dabei engagierte Hilfe von den drei Amateuren erhaltend.

Das alles geschieht in einer kleinen Stadt, die bereits in den 50er-Jahren des letzten Jahrhunderts ein eleganter Küstenort war und die seit 120 Jahren über das wichtigste Bauwerk eines englischen Seebades verfügt – einen langen Pier. Auf dem gibt es viel zu kaufen, von Sandschäufelchen bis Süßigkeiten; letztere in allen Farben, Beschaffenheiten und Geschmäckern – besonders begehrt die zahnunfreundlichen, aber furchtbar leckeren *Fudges*. Und während der Pier trotz aller Tradition renoviert wurde, soll der übrige Ort nach Ansicht der heutigen Einwohner möglichst so bleiben, wie er schon immer war. Vielleicht macht auch das Southwold so beliebt, weil viele Besucher in dem Städtchen die Erinnerungen

Stadtteilen der Metropole angesiedelt haben. Aber auch zahlreiche Prominente von Stephen Fry, Michael Palin über Judi Dench bis Rowan »Mr. Bean« Atkinson schätzen Southwold, wo sie sich, ohne Aufmerksamkeit zu erregen, entspannt bewegen können.

Mitten im Ort an der High Street liegt das *Swan Hotel*, ein traditionsreiches Haus, seit 1872 im Besitz der Adnams Brauerei, dem bedeutendsten Unternehmen im Ort. Wenn man Glück hat, bekommt man im Restaurant eine gute Meeresfrüchteplatte mit Taschenkrebs, Krabben, Austern und anderen Muscheln. Das Hotel samt Gastraum wurde modernisiert, auch wenn es schön gewesen wäre, hätte man ein wenig von der traditionellen Dezenz erhalten und nicht ein ziemlich wildes Farbarrangement installiert. Früher konnte man hier vielleicht P. D. James beim Lunch treffen, denn auch sie hatte ein Haus in Southwold. Und für Strandbesucher überall an der englischen Küste noch viel wichtiger: James besaß eine Strandhütte (*beach hut*). Diese schmalen, meistens pastellbunt angestrichenen Holzhäuschen stehen am Strand von Southwold aufgereiht, um Badegästen Schutz zu bieten, ohne allerdings auch nur minimalen Komfort zu bieten. Dafür sind sie aber,

ihrer Kindheit am Meer wiederfinden. Das Publikum ist recht distinguiert und wohlhabend und sorgt dafür, dass nicht erst seit heute Southwold als ein exklusives und teures Seebad gilt. Etliche der Häuser gehören Londonern als Zweitwohnsitz, und so wird der Ort ein wenig spöttisch »Hampstead-on-Sea« oder »Islington-sur-Mer« genannt, da sich vor allem Intellektuelle aus diesen

Southwold: *The Swan Hotel*

Rechte Seite
Beach huts am Strand von Southwold

6
8

falls man eine kaufen möchte, sehr teuer; in Southwold kann eine solche Hütte durchaus eine sechsstellige Summe kosten; vor Kurzem gab es ein Angebot für £ 160 000, wenn denn überhaupt die Hütten auf dem Markt sind. Eine Zeitung formuliert trocken: »Beach huts are big business«, vor allem für den Verkäufer.

Da hat es möglicherweise Suzette Hill gereizt, in einer solchen Hütte einen Mord geschehen zu lassen! In ihrem Roman »Shot in Southwold« (2017) bemühen sich die schon bekannten Amateure, den Tod einer Schauspielerin aufzuklären, die nachweislich in einer solchen Hütte erschossen wurde. Zwar ist das kriminelle Geschehen in den Büchern von Suzette Hill nicht unwichtig, wichtiger jedoch ist der Schauplatz. An Southwold fasziniert sie dessen aparter Charakter, verführerischer Charme und formidabler Lifestyle, weshalb der Ort qua Kontrast einen perfekten Schauplatz abgibt für Frevelhaftes. Und so kann man mit ihr durch die Straßen schlendern, in *The Harbour Inn* am River Blyth einen Drink nehmen, zum Beispiel ein Adnams Southwold Bitter, oder – wenn man näher zum Strand möchte – in *The Sole Bay Inn* am *East Green* unter dem malerischen Leuchtturm. Bei Hill speisen die Protagonisten häufiger delikat, was sonst in Krimis eher selten ist; vielleicht, weil Essen oft mit »Giftmischen« in Verbindung gebracht wird! Falls man beim Gang durch den Ort zwischendurch etwas Ruhe braucht, zieht man sich in den *Sailors' Reading Room* am Ende der East Street zurück (was auch einer der Verdächtigen tut), und wo man einen wunderbaren Blick über die Promenade auf das Meer hat. Am Abend kann man zum Dinner in *The Crown* einkehren, anschließend auf eine ruhige Nacht hoffen und darauf, dass Morde meistens nur in Romanen geschehen. Denn diese sind es eigentlich nicht, was man in Southwold erwartet – so die Feststellung einer der Romanfiguren.

Etwas weiter südlich sind die Morde brutaler und mysteriöser – schließlich lässt P. D. James sie geschehen! Vor allem aber spielt in ihrem Roman »Ein unverhofftes Geständnis« (1967) die Küstenlandschaft zwischen Southwold und Dunwich eine herausgehobene Rolle und ist nicht nur Schauplatz, sondern gewissermaßen selbst Akteur. Bereits der Beginn des Buches lässt sensible Gemüter schaudern: »Die Leiche ohne Hände lag auf dem Boden eines kleinen Dinghis, das gerade noch in Sichtweite

Der Leuchtturm von Southwold, 1887 erbaut

der Küste von Suffolk dahintrieb.« Etwas später wird wieder Adam Dalgliesh mit den Ermittlungen wegen dieses Todesfalls konfrontiert, da das Boot dort anlandet, wo er einige Ferientage bei seiner Tante verbringen möchte, deren Nachlass er einige Romane und Morde später ordnen musste (siehe »Vorsatz und Begierde«). Der Tote ist ein Kriminalautor, der in einem Text bereits diese schaurige Szene, sie eindringlich beschreibend, vorwegnahm. Da an dem einsamen Küstenstreifen bei Dunwich fast nur Schriftsteller leben, scheint diesen das Geschehen geradezu eine Bedrohung ihres Berufsstandes zu sein.

Für Dalgliesh ist die Gegend eigentlich ideal. Das Haus der Tante liegt nahe dem Naturschutzgebiet »Monksmere«, für dessen Namen James zum einen *Minsmere*, das Naturschutzgebiet der *Royal Society for the Protection of Birds* an der Küste südlich von Dunwich verwendet, und mit dem sie

Die instabile Steilküste bei Dunwich

zum anderen auf das ehemalige, inzwischen nur noch als Ruine erhaltene Kloster von Franziskanermönchen verweist. Während Dunwich im Mittelalter ein lebhafter Hafen war, der größte in East Anglia und auch bei Schmugglern beliebt, sorgten mehrere Sturmfluten dafür, dass der Ort zerstört wurde und nur wenige Häuser erhalten blieben. Am Strand gibt es einige Schuppen, vor denen die Fischer ihre Boote liegen haben, mit denen sie noch zuweilen auf See fahren; ihren Fang kann man dann vielleicht im nahen, inzwischen modernisierten Gasthof *The Ship Inn* auf der Speisekarte finden. Boote mit Mordopfern aber werden am flachen Strand glücklicherweise kaum angetrieben!

Von Dunwich Beach kann man südlich in Richtung *Minsmere* unterhalb des *cliffs* entlanglaufen und dabei die gefährliche Instabilität des Abhangs im Auge haben, vor der Schilder warnen. Vielleicht aber ist es entspannter, dort zu spazieren, wo auch Dalgliesh entlangwandert – durch die Heide- und Ginsterlandschaft oberhalb des *cliffs*. Dass aber selbst dort Gefahr droht bei Sturm und Flut, wird am Ende des Romans deutlich, als ein Haus in die Tiefe zu stürzen droht wie schon viele in den Jahren zuvor. Der Detektiv wird als Retter aktiv – nicht für das Haus, sondern für dessen Bewohner, und dabei geht es dann auch um das Ende der Ermittlungen. Während seiner Wanderungen am Meer bei Wind und Regen und bei der Rettungsaktion erlebt Dalgliesh das Meer als Bedrohung, als dunkle Kraft – das Meer selbst kann sogar zum Mörder werden.

Würdigt man die Kriminalliteratur hinreichend, erscheint East Anglia als eine außerordentlich gefährliche Region Englands. Deshalb ist es nur sinnvoll, dass sich dort eine eigene Detektivagentur etabliert – *The Anglian Detective Agency*. Die Autorin Vera Morris lässt in ihrem Roman »Some Particular Evil« (2016) am Ende einer Mordserie fünf Menschen die Agentur in Dunwich gründen, die in unterschiedlicher Weise mit Verbrechen konfrontiert wurden. Es sind dies Laurel Bowman, eine Lehrerin, Frank Diamond, ein Detektivinspektor, Dorothy Piff, eine Schulsekretärin, und Stuart Elderkin, ein ehemaliger Kollege von Diamond mit Frau. Bowman nimmt ein Angebot der *Blackfriars School*,

Nächste Doppelseite
Altes Fischerboot am Strand von Dunwich

DUNWICH

JILL ANNE
LOWESTOFT
DUNWICH

einer Privatschule in Dunwich, an. Dort treibt ein Sexualmörder sein Unwesen, und als dann noch die Frau des Schulleiters und weitere Angehörige des Institutes getötet werden, ist auch die Existenz der Schule gefährdet. Diese liegt in der Einsamkeit außerhalb des ähnlich einsamen Ortes Dunwich in der Nähe des Strandes und am Naturschutzgebiet *Minsmere* oberhalb des *cliffs*. Anders als P. D. James präsentiert Morris die realen *locations* für den Leser, nur die Schule gibt es dort nicht – obwohl die Einsamkeit dem konzentrierten Lernen der Zöglinge sicher zuträglich wäre.

Nachdem der psychotische Frauenmörder dank Bowman überwältigt werden konnte, richtet sich die Agentur im Haus von Ms Piff ein. Dieses liegt ziemlich einsam an der Küste und nahe den Klosterruinen und trägt wohl deshalb sinnigerweise den Namen *Greyfriars*. Zwar bezeichnen die Akteure ihre Niederlassung als »out-of-the-way corner of the world«, aber man erwartet viele Aufträge in East Anglia, denn immerhin ist diese Region reich an (literarischer) Kriminalität. Und so sind es nicht entlaufene Hunde oder verschwundene Autos, die von der Agentur gesucht werden müssen, sondern in ihrem zweiten großen Fall »The Temptation« (2018) ist ein künstlerisch hochbegabter Dreizehnjähriger aus einer wohlhabenden Familie in Aldeburgh bereits seit zwei Jahren verschollen, und ein solcher *cold case* kann nur schwer aufgeklärt werden. In Aldeburgh gibt es eine reiche Kunst- und Kulturszene, die zwar attraktiv, aber nicht immer ungefährlich ist, und das nicht nur für ältere Künstler, sondern leider für junge Knaben und die Sicherheit des Landes, denn hier werden einflussreiche Politiker mit ihren pädophilen Neigungen erpresst.

Die Gefahren – und das heißt natürlich Morde – stehen in starkem Kontrast zu der wunderbaren Ferienlandschaft, dem steinigen Strand mit den Fischerbuden und den bunt angemalten Häusern am Meer. Glücklicherweise wird der vermisste Junge gefunden, und die Agentur war wieder erfolgreich. Frank und Laurel feiern das Ende in *The Eel's Foot Inn* in Eastbridge, von Dunwich etwa 5 km entfernt. Wie überall in der Gegend wird vor allem *Adnams* ausgeschenkt, und nach den Aufregungen tut ein Pint gut. Das Gasthaus stammt aus dem 16. Jahrhundert, und da es sich in Küstennähe befindet, hat es natürlich auch eine lange Geschichte, in der es um Schmuggler und deren Verfolger geht.

Von Dunwich aus führt der nächste Auftrag die Mitarbeiter der Agentur nach Orford, und der Roman »The Loophole« (2019) spielt weitgehend am Strand und manchmal auch im Meer und ist wie so oft für die Ermittler riskant. Ein älterer Mann ist jede Nacht unterwegs, durchs Wasser watend oder in einem Boot die Küste entlangrudernd – seltsam, mysteriös und verdächtig für die Dorfbewohner. Zwischendurch machen die privaten Detektive Pause, und der Leser lernt durch sie einige nette, real existierende Pubs und Restaurants in der Gegend kennen. Sei es *The Cross Keys* in Aldeburgh (zu *Adnams* gehörig), das ordentlichen *Pub Grub* serviert oder *The Jolly Sailor* in Orford nahe dem River Alde, wo man durchaus satt werden kann – vor allem, wenn man sich zum Nachtisch einen *Sticky toffee pudding with clotted cream ice cream* gönnt. Doch die kulinarischen Unterbrechungen behindern die Ermittlungen nicht, und zum Schluss ist es wie immer: Leidenschaft, Gier, vielleicht auch Liebe, Brutalität und dann – Mord. Zum Schluss feiern alle in *The Butley Orford Oysterage*, in der man die köstlichen Schätze des Meeres ohne alle Gefahr genießen kann.

Nebenbei: Wer Suffolk etwas weniger gefährlich, aber dennoch literarisch erleben möchte, dem seien die Wanderungen durch diese Region empfohlen, die W. G. Sebald in seinem Buch »Die Ringe des Saturn. Eine englische Wallfahrt« unternimmt und beschreibt! Natürlich kommt er auch nach Southwold und findet Zuflucht im *Sailors' Reading Room*, wandert über die Heide und den Strand bei Dunwich mit den verlassenen Booten und besucht Orford. Es ist ein gänzlich anderes, dafür aber sehr eindrucksvolles, geradezu poetisches Suffolk, von dem hier zu lesen ist.

Wenn man an der Küste weiter Richtung Süden fährt, erreicht man die *Mystery Mile*, eine sumpfige Insel, die angeblich noch in Suffolk liegt. Dort konnte Margery Allingham sie auch unbesorgt platzieren, denn diese Insel ist fiktiv und gibt einem ihrer Romane den Titel. »Gefährliches Landleben« (Original: »Mystery Mile«, 1930) ist das zweite Buch, in dem der möglicherweise aus royalen Kreisen stammende Albert Campion als scheinbar etwas alberner, aber nichtsdestotrotz tapferer und erfolgreicher

Privatdetektiv auftritt, assistiert von seinem Faktotum Magersfontein Lugg, einem ehemaligen Kriminellen. Er soll einem hohen US-Richter und dessen Kindern beistehen, die von einer kriminellen Bande und deren noch kriminelleren Anführer bedroht werden. Am Ende gibt es einen Showdown am Meer, die Flut läuft auf und der Schlick im Untergrund sorgt für die Lösung fast aller Probleme. In diesem Roman sind die Küste und das Meer nicht nur *locations*, sondern Handelnde, gefährlich und für Verbrecher sogar tödlich.

Auch wenn Allingham die *Mystery Mile* nach Suffolk verlegte, so wird doch angenommen, dass sich dahinter *Mersea Island* in der Grafschaft Essex verbirgt, eine Insel im Mündungsgebiet zweier Flüsse südlich von Colchester. Als junges Mädchen verbrachte die Autorin häufig Ferien auf dieser Insel, und die Faszination von Einsamkeit, Salzmarschen, Meer und Schlick – und vielleicht auch Gefahr – behielt sie ihr Leben lang. Für Touristen jedoch ist die Insel ungefährlich und sogar genussreich, da sie ein Zentrum von Fischerei und Austernzucht ist. Und so kann man in der *West Mersea Oyster Bar* die berühmten (und köstlichen) *Colchester Natives* zwischen September und April genießen und vielleicht noch ein *Seafood Platter* oder einen gegrillten Hummer hinterdrein. Dazu einen Weißwein, der ebenfalls auf der Insel angebaut wird (*Mersea Island Vineyard*).

Möglicherweise wegen jener Faszination aus der Jugendzeit zog Allingham 1937 nach Essex in den kleinen Ort Tolleshunt D'Arcy, der in der Nähe der Küste liegt – etwa 10 km entfernt von *Mersea Island.* Sie hatte dort mitten im Dorf ein großes Haus gekauft, das aus der elisabethanischen Zeit stammte. Im Laufe der Jahrhunderte gab es viele Veränderungen: eine Fassade à la Queen Anne, Erweiterungen im *Georgian* Stil und ein großer, mit Enthusiasmus gepflegter Garten an der Rückseite. Während des Krieges wurden sie und ihr Mann zu Stützen der dörflichen Gesellschaft, und darüber schrieb sie auch ein Buch, das ihr amerikanischer Verleger erbeten hatte, um seine Landsleute über die Situation in Großbritannien zu informieren, damit sie vielleicht geneigter wären, dem Land zu Hilfe zu kommen. »The Oaken Heart. The story of an English village at war« (1941) gibt einen interessanten Einblick in das Leben im ländlichen England kurz vor dem Krieg und während des »Blitz«. Und es zeigt Allingham als eine einfühlsame, psychologisch erfahrene Autorin, die diese Fähigkeit auch in ihre Detektivromane zu übertragen weiß. An ihrem großen Haus in der South Street, in dem sie bis zu ihrem Tode 1966 lebte und arbeitete, verweist jetzt eine *Blue Plaque* auf eine der bedeutenden Autorinnen des »Golden Age of Detective Fiction«.

Wenn man schon in Essex ist, kann man noch dem Haus einer anderen Autorin von Detektivromanen einen Besuch abstatten. Dorothy L. Sayers wohnte, wenn sie nicht in London war, in Witham, etwa 15 Minuten mit dem Auto von Tolleshunt entfernt. Falls jemand ein Fan von englischer Marmelade ist, sollte er auf dem Weg dorthin einen Zwischenstopp in Tiptree einlegen. Der Besuch im »Tiptree Tea Room and Jam Shop« von Wilkin & Sons ist ein ausgesprochen leckeres Vergnügen vor allem für die Liebhaber klassischer Orangenmarmelade. Und kurz vor Weihnachten ist der Christmas Pudding zu empfehlen – natürlich mit Brandy Butter. In Witham findet man das ehemalige Wohnhaus von Dorothy Sayers in *10 Newland Street*, wo sie bis zu ihrem Tode 1957 lebte; es ist das mittlere von drei Reihenhäusern – unschwer an der *Blue Plaque* neben der Tür zu erkennen. Wenn man die Straße – mit dem Rücken zum Haus stehend – nach links weitergeht, kommt man zur Witham Library, die das *Dorothy L. Sayers Centre* beherbergt, wo Interessierte Bücher von und über Sayers und manche Memorabilien finden können. Und auch gegenüber der Bibliothek wird an die berühmte Autorin erinnert: Dort steht eine Bronzestatue, die Sayers als ältere Lady mit einer Katze zu ihren Füßen zeigt – eine Mitbewohnerin in ihrem Haus.

Zurück an die touristisch wie kriminalliterarisch interessante Küste führt die Route von Witham geradewegs Richtung Süden ans Meer nach Eastbourne und damit in die Nähe einer besonderen historischen Landschaft. Am Strand zwischen Hastings und Eastbourne gingen damals die Normannen unter Herzog Wilhelm, den man später den Eroberer nannte, an Land, und schlugen 1066 das Heer der Angelsachsen. Doch nicht die kriegerischen Morde des Mittelalters sollen uns hier interessieren, sondern solche, die in Eastbourne (East Sussex) die literarische Kriminalstatistik bereichern. Mitte des 19. Jahrhunderts entwickelte sich der Küstenort für die Viktorianer zu einem attraktiven Ferienziel, und das ist er bis heute geblieben – vielleicht auch wegen des architektonischen Erbes aus jenem Jahrhundert. Besonders eindrucksvoll in seiner weißen Pompösität ist das *Grand Hotel*, direkt an der *King Edward's Parade* gelegen mit einem freien Blick aufs Meer. Nicht nur Royals oder Prominente aus der Politik wie Churchill oder aus der Musik wie Debussy, der sinnigerweise seine sinfonische Dichtung »La Mer« in dem Hotel komponierte, bezogen in dem Haus Quartier – sogar Miss Marple stieg hier ab. Allerdings geschah das in dem TV-Film »Die Tote in der Bibliothek«, in dem Geraldine McEwan die von einer wohlhabenden Freundin dorthin eingeladene Hobby-Detektivin spielte. Denn ihr selbst – so die zaghaft geäußerte Sorge beim Betreten der Suite – erscheint die Räumlichkeit doch etwas extravagant. Nicht ohne Grund wird das Hotel auch *The White Palace* genannt, und wer klassischen Komfort schätzt, sollte vielleicht einen *Afternoon Tea* in der *Great Hall* nehmen und sich durch das nostalgische Ambiente in frühere Zeiten versetzen lassen.

Viele der Gäste in Eastbourne sind Senioren, die auf das Meer schauen, auf die *Teatime* warten und der Stadt die Bezeichnung *God's waiting room* verschafft haben. Doch zum Ausgleich für den hohen Altersdurchschnitt sieht man viele junge Sprachschüler, die es genießen, ohne elterliche Aufsicht verreist zu sein. Auch die Stadtentwicklung setzt zunehmend auf junge Feriengäste, die gerne segeln und deshalb eine moderne Marina schätzen, aber auch zu den literarischen Mordopfern gehören. Der Hafen wurde im Osten der Stadt als *Premier Sovereign Harbour Marina & Boatyard* errichtet, und in dessen Nähe wohnt die investigativ arbeitende Journalistin Dee Doran. Sie ist die Heldin in den Büchern über *Eastbourne Murder Mystery* von Sheila Bugler, die im Vorspann eines Buches sicherheitshalber darauf hinweist, dass sie eigentlich den *Sovereign Harbour* sehr schön findet, auch wenn sie ihn zum Schauplatz eines Verbrechens machen musste – schließlich lebt sie selbst in Eastbourne. Dee Doran findet in dem ersten Band der Serie »I Could Be You« (2020) ihre Nachbarin am einsamen Strand anscheinend durch einen Autounfall getötet. Das kleine Kind der Toten ist verschwunden. Was anfangs aussah wie Unfallflucht wird bald als Mord erkannt, und Dee ist selbst binnen kurzem auf polizeiliche Hilfe angewiesen, weil ihre Ermittlungen sie in tödliche Gefahr bringen – einem Mordanschlag kann sie nur knapp entgehen. Und das muss sie auch, denn weitere Bände in der Romanserie folgen!

Zur Entspannung zieht es sie zum Joggen an einen der schönsten und dramatischsten Plätze an der Küste, an die Klippen bei *Beachy Head* südwestlich von Eastbourne. Von den weißen Kalkfelsen, mehr als 160 Meter hoch, hat man an klaren Tagen einen weiten Blick über den Kanal bis an die französische Küste und auf einen malerischen, rot-weiß gestreiften Leuchtturm. So touristisch attraktiv die Szenerie auch sein mag, sie besitzt leider auch eine große Anziehungskraft für Menschen, die ihrem Leben ein Ende setzen wollen. Um das zu verhindern, patrouilliert Tag und Nacht das *Beachy Head Chaplaincy Team*, freiwillig arbeitende Geistliche, die seit 2004 in mehr als 11 000 Fällen helfen konnten. Befremdlicher Weise gibt es auch keine sichernde Absperrung an der Kliffkante, denn so kann es auch zu unbeabsichtigten Abstürzen von Wanderern kommen. Wer einmal sicher nach unten auf den Strand möchte, fährt die *Beachy Head Road* weiter bis zum *Birling Gap*, einem Küstenbereich, der zum *National Trust* gehört. Dort führt eine Metalltreppe zum kieselsteinigen Strand hinunter, und man kann von dort auf die anderen Klippen schauen, die als *Seven Sisters* bekannt sind.

Die gefährliche Attraktivität von *Beachy Head* für selbstmordgefährdete Menschen ist in dem Roman »Deine letzte Lüge« (2019) von Clare Mackintosh ein eigenes Thema. Die Autorin, eine ehemalige Polizistin, erzählt von einer jungen Mutter aus reichem Hause, deren Eltern sich kurz hintereinander durch einen Sprung von der Kliffkante umbrachten. Zumindest glaubt das die Tochter, und auch die Polizei nimmt nichts anderes an, bis plötzlich seltsame Ereignisse Zweifel wecken an dem Sachverhalt. Sie lebt in dem Haus ihrer Eltern in dem Stadtteil *Lower Meads,* im Westen von Eastbourne nahe *Beachy Head* gelegen – eine Gegend für wohlsituierte Bürger ohne Probleme, aber gefährlich für solche, die Sorgen haben und ihr Leben beenden wollen. Zwar ist die Hauptperson keine Detektivin, doch nähert sie sich allmählich der Lösung jenes Problems, das ihre Ängste bestimmt: Warum haben ihre Eltern Selbstmord begangen?

Nächste Doppelseite

Eastbourne: Das *Grand Hotel* im Abendlicht

THE GRAND HOTEL

Diese Frage hier zu beantworten aber wäre ein höchst verwerflicher *spoiler* – vor allem bei dem ziemlich überraschenden Ende dieses Romans!

Schon im 18. Jahrhundert war Brighton, bekannt für vielerlei Lustbarkeiten, ein *pleasure resort* am Meer. Und als dann 1783 der Prince of Wales, der spätere König George IV., das erste Mal in die Stadt kam, war das für Brighton die Aussicht auf eine bedeutende Zukunft unter königlicher Gnade. Das äußere Zeichen dafür wurde der *Royal Pavilion*, ein im indischen Stil erbauter Rückzugsort des ungemein verschwenderischen Prinzen. Im heutigen Brighton ist der Palast, den Queen Victoria so fürchterlich fand, dass sie ihn der Stadt verkaufte, eine wesentliche Touristenattraktion – neben dem *Brighton Palace Pier* für Vergnügungen (der *West Pier* steht nur noch als unheimliche Ruine und wird deshalb gerne als Symbol für Unheimliches verwandt) und den verwinkelten *Lanes* fürs Shopping. Und wer nicht unter Höhenangst leidet, kann sich seit 2016 auf den Aussichtsturm *British Airways i360* hinauffahren lassen und hat von dort einen weiten Blick über die *Southdowns*, den Ärmelkanal und über eine Stadt, die – nicht nur im hellen Sonnenschein – Vergnügen, Entspannung und uneingeschränktes Wohlbefinden zu verheißen scheint. Brighton gilt als *das* Seebad der Londoner, seit 1843 die *Brighton Railway Company* ihren Dienst aufnahm und es auch den weniger Begüterten ermöglichte, auf kieseligem Strand Sonnenbäder und im kalten Meer Seebäder zu nehmen. Mediziner propagierten die Heilkraft des Salzwassers und lockten Gesundheitssuchende an, Hoteliers und Clubbesitzer warben für ein amüsantes Wochenende (bekannt als *dirty weekend*) und lockten Vergnügungssuchende an. Manche dieser *weekends* sorgten dafür, dass Brighton den Beinamen *adultery capital of Britain* erhielt und indirekt verantwortlich war für Scheidungsverfahren, die in der Stadt ihren Ursprung hatten. Der Journalist Keith Waterhouse bringt die spezielle Moral, um nicht zu sagen die Attraktivität des Küstenortes auf den Punkt, wenn er schreibt: »The great thing about Brighton is that you can buy your lover a pair of knickers on Victoria Station and in less than two hours have them off again in the Grand Hotel.«

Vorhergehende Doppelseite

Die gefährliche Steilküste *Beachy Head* nahe Eastbourne

Doch das heitere, lebenslustige Brighton hatte auch eine Schattenseite. Zwar trugen die genannten Fakten in unterschiedlicher Weise zur Lebensfreude und zum Amüsement bei und machten Brighton in der Werbung zum »Las Vegas am Meer«. Doch entwickelte sich gleichwohl im 20. Jahrhundert zunehmend das, was der Stadt eine weniger schöne Benennung verschaffte: *Slaughterhouse of Europe* beziehungsweise *Crime Capital of Britain* – unter einer »Hauptstadt« tat man es eben nicht. Dazu trugen auch zwei Verbrechen bei, die unter der Bezeichnung *Brighton trunk murders* in die englische Kriminalgeschichte eingingen. Im ersten Fall entdeckte 1934 ein Angestellter in der Gepäckaufbewahrung am Bahnhof in Brighton einen übel riechenden Koffer, der einen Frauentorso enthielt. Im Londoner Bahnhof King's Cross wurde ein Koffer mit weiteren Gliedmaßen gefunden, doch weder die Identität des Opfers noch die des Täters konnten ermittelt werden. Wenig später verschwand eine Prostituierte, deren Leichnam ihr Zuhälter in einem Koffer, der als Tisch diente, in seinem Zimmer aufbewahrte – der Geruch schien ihn nicht gestört zu haben. Sein exzellenter Verteidiger erreichte einen Freispruch; erstaunlicherweise gestand der seinerzeit Angeklagte 40 Jahre später den Mord, obwohl dieses Verbrechen nie verjährt! Immerhin füllt er ein Kapitel Brightons krimineller Historie.

Einen nicht geringen Anteil an der zwischen den Weltkriegen wachsenden Kriminalität hatten aber vor allem die Gangster, die mit Schutzgelderpressungen im Umfeld der Pferderennbahn agierten. Als besonders brutal galten die sogenannten *razor gangs*, die mit Rasiermessern jene verletzten oder ermordeten, die ihren Forderungen nicht nachkamen. Diese Banden eiferten den gewalttätigen »Messerhelden« aus Glasgow nach, weshalb man zynischer Weise den Schnitt vom Ohr zum Mund als *Glasgow grin* bezeichnete – ein höchst freudloses Lachen. Jene Gangster bildeten gewissermaßen die Statisten für einen Kriminalroman, der das gefährliche Pflaster Brightons als Kulisse hat. Graham Greene nahm für sein Buch »Brighton Rock« (1938) das organisierte Verbrechen im Rennsport der Stadt während der 30er-Jahre zum Konstituens einer Handlung, die den sadistischen Jugendlichen Pinkie Brown als Protagonisten hat. Dieser strebt eine Karriere als Bandenführer an und mordet ohne Skrupel. Das andere wesentliche Element ist ein theologisches:

BRIGHTON PIER
Shellfish Bar
MOO MOO'S
GIFTS

Brighton: *Palace Pier*

Brighton: *West Pier*

Der Kampf zwischen Gut und Böse, denn Pinkie und seine Freundin haben als einzige Basis ihrer Beziehung die Religion – beide sind katholisch und fürchten die Verdammnis. Aber Pinkie ist durch und durch schlecht, und darauf spielt der Titel an: Die süße Spezialität in Brighton sind dicke Zuckerstangen (*rocks*), die durch und durch gleichmäßig gefärbt und gemustert sind. Und für diese stehen die Touristen vor allem an der Strandpromenade und auf dem Pier Schlange; später werden sie dann vor Zahnarztpraxen Schlange stehen müssen.

Der Strand und die Piers – damals gab es noch neben dem *Palace Pier* den später fast gänzlich zerstörten *West Pier* – sind Pinkies Revier und natürlich die Rennbahn im Norden der Stadt an der Freshfield Road. Zu diesem Revier gehört eine für Strandbäder typische Atmosphäre, die zugleich aber in starkem Kontrast steht zu der Dunkelheit der Gangsterwelt. Das »Beach-Brighton« – so Graham Greene im ersten Kapitel – ist hell, sonnig und von kühler Meeresbrise umweht; die Piers sind silbrig glitzernd angestrichen, und blühende Blumengärten verschönern die Promenade, über die viele tausend fröhliche Menschen schlendern. Niemand kann sich vorstellen, dass dort ein Mord geschieht, doch der erste Satz des Romans (nebenbei ein sehr brutaler Romananfang) stellt genau das in Aussicht: »Hale war keine drei Stunden in Brighton, da wusste er, dass sie ihn umbringen wollten.« Morde am Meer kalkulieren fast immer diesen Kontrast ein, wenn sie den Gegensatz von Ferienfröhlichkeit und Tötungsdrama beschwören. Für Pinkie jedoch ist das kein Kontrast, sondern die zweifelhafte »Normalität« seiner Tätigkeit, die er bisher nur im Verborgenen ausüben konnte. Sein Traum aber ist es, einmal dort zu residieren, wo der »Pate« der Stadt sein Hauptquartier hat – in einem sehr luxuriösen Hotel direkt am Meer. Wahrscheinlich hat sich hier Greene das »Grand Hotel« zum Vorbild genommen, dessen viktorianische Eleganz noch heute beeindruckt. Es könnte aber auch das »Bedford Hotel« gewesen sein, ebenfalls zur Zeit Königin Victorias erbaut, nach einem Brand 1964 abgerissen und als »Fast-Wolkenkratzer« unter anderem Namen (»Holiday Inn«) und im »Brutal-Look« an der *seafront* neu errichtet. Der Wunsch des kriminellen Protagonisten nach Luxus hängt auch mit seiner Herkunft aus einer Gegend Brightons zusammen, die, im Nordosten der Stadt gelegen, eine

Art Slum war und Ende der 30er-Jahre saniert wurde. »Nelson Place« mit den engen Reihenhäusern lag in dem »Carlton Hill«-Areal. Dort befindet sich jetzt das große, moderne Gebäude der »Brighton Police Station«!

Das Besondere von »Brighton Rock« aber ist die Hobbydetektivin Ida Arnold, eine gutherzige und – wie sie meint – welterfahrene Frau, die den Mord an einem Mann beweisen will, den sie nur kurz kennengelernt hat. Da dieser aber von niemandem vermisst wird, lässt ihr Mitgefühl sie detektivisch aktiv werden. Und auch Pinkies Freundin gilt ihre Fürsorge, wenn sie diese vor ihm retten will. Eine mütterliche Privatdetektivin in einem brutalen Milieu ist nicht nur für die Entstehungszeit des Romans ungewöhnlich – vor allem, da sie auch noch erfolgreich ist. Denn im letzten Augenblick gelingen ihr Rettung und Rache!

»Brighton Rock« war eines der ersten Bücher, in dem die kriminelle Seite der Stadt ins literarische Licht gerückt wurde, und für längere Zeit blieb es auch eines der wenigen Bücher, die diese Seite der Stadt behandelten. Ebenso bestand für viele Jahre der Kontrast zwischen dem beliebten Familienbad am Meer und dessen *dark underbelly*. Denn, so der Autor Peter James, Brighton liege hervorragend für verschiedene verbrecherische Aktivitäten. Die unbewachte Küste ist ideal, um Drogen zu importieren und gestohlene Güter auszuführen. Die Verkehrsverbindungen sind exzellent – egal wofür man sie benötigt: ganz nahe der Shoreham Airport oder mit der Bahn 30 Minuten zum Airport Gatwick und von da in die Welt. Ebenfalls mit der Bahn, die halbstündlich fährt, etwa 50 Minuten nach London Victoria Station und von dort wohin auch immer. Die Zufahrt zum Kanaltunnel und zu den verschiedenen Fährhäfen ist ebenfalls nicht weit.

Brighton aber – das »London am Meer« – entwickelte sich zu einem, wenn nicht zu *dem* Erholungs- und Vergnügungsort des Königreiches. Die Entwicklung dahin begann schon unter der Regentschaft des späteren Königs George IV., und dazu gehörte, dass sich, wenn auch lange Zeit im Verborgenen, eine *gay community* ausbildete. Nachdem 1967 jene Paragraphen abgeschafft worden waren, die homosexuelle

Handlungen unter Strafe stellten, entwickelte sich Brighton zur inoffiziellen *gay capital* der Insel. Oder wie es der Autor Noël Coward einst beschrieb: »Ah, dear Brighton, piers, queers and racketeers«, wobei die Gangster zumindest für die Touristen am wenigsten offensichtlich waren. Nachdem nun Brighton bunter und friedlicher, Gefängniszellen zum Museum und die Gangs weniger wurden, kamen die Autoren von Kriminalromanen an die Südküste von Sussex. Und jene – so meinte eine Zeitung – transformierten den Badeort in die »Hauptstadt des Verbrechens«, das heißt des »literarischen Verbrechens«, womit man London den Rang abliefe.

Der erste und bis jetzt erfolgreichste Autor von einer Krimi-Serie, die in Brighton und Umgebung spielt (16 Romane mit dem Detektiv Roy Grace), ist PETER JAMES. Hier geboren und aufgewachsen entdeckte er, dass Brighton im Gegensatz zu vielen anderen Orten im Königreich bisher von Krimi-Autoren sehr stiefmütterlich behandelt worden ist. Einerseits entspricht das dem Bestreben, die Stadt als sicheren Touristenort zu präsentieren, in dem tatsächlich weniger Kapitalverbrechen geschehen als beispielsweise in London (wobei aber die gesamte Drogenkriminalität unberücksichtigt bleibt). Andererseits ist Brighton inzwischen eine so lebendige, interessante und touristisch beliebte Stadt geworden, dass sie allein deshalb für Krimi-Autoren in den Fokus gerät. Denn häufig sind es jene auch für Reisende attraktiven Orte, die dem literarischen Verbrechen den passenden lokalen Hintergrund bieten.

Da aber in einem Krimi das Leseinteresse geweckt wird durch den Kontrast von »normaler«, vielleicht sogar vergnüglicher Welt und dem Verbrechen, ist es interessant, welche Orte James in seinem Roman »Stirb schön« (2006) als besonders wichtig für Brighton nennt. »Das Herz der Stadt schlug in der Gegend um den Palace Pier, in den Regency Häusern von Kemp Town, in The Lanes, wo die Antiquitätenhändler residierten, und im Viertel North Laine, wo sich kleine Szeneläden und winzige Stadthäuser drängten.« In der Aufzählung fehlt nur der *Royal Pavilion*, immerhin ein Wahrzeichen des Seebades, mit einer großen Zahl an Besuchern in jedem Jahr. Und vielleicht das *Old Police Cells Museum* im Keller der *Town Hall*, *Bartholomew Square*, wo man etwas über die Polizei und das Verbrechen in Brighton erfährt, aber auch *ghost hunts* erleben und sogar heiraten kann – was in Krimis zuweilen dasselbe meint! Deshalb ist es vielleicht gut, wenn man zuerst einen entspannten Gang durch diese Viertel unternimmt und die Bars, die verschiedenen Restaurants oder die bunten Geschäfte genießt, bevor man näher von dem Grauen liest, das in dem *dark underbelly* der Stadt lauert – so eine häufige Bezeichnung der Unterwelt.

Das Besondere an den Romanen von James ist zum einen die präzise und realistische Beschreibung der Polizeiarbeit, bei der er sich auf die intensive Beratung durch die *Sussex Police* verlassen kann. Zum anderen führt er die Leser auf unterschiedlichen Wegen durch die Stadt und deren Umgebung, lässt die Personen in Pubs einkehren und in Hotels übernachten, die tatsächlich existieren und könnte jederzeit die Rolle eines Stadtführers übernehmen. Damit gelingt ihm das für Brighton und Roy Grace, was Colin Dexter für Oxford und Morse schaffte – Ort und Held werden gewissermaßen zu einer fiktiven »Einheit«. Denn, so James in einem Interview, »place is as much a part of any book as a character«.

Vor allem *The Lanes*, ein Labyrinth kleiner Gassen zwischen North Street und Prince Albert Street, waren der ursprüngliche Kern von Brighton und eine Ansiedlung von Fischern wie auch ein »Schmugglernest«. Jetzt findet man dort zahlreiche Antiquitätengeschäfte, Schmuckläden und Fashion-Shops. Wenn man nach einem anstrengenden Shopping-Bummel eine Stärkung braucht, sollte man am Meer ein Seafood Restaurant aufsuchen, und da empfiehlt sich das traditionsreiche *English's of Brighton* in der East Street, dessen Räumlichkeiten etwas »antik«, dessen Speisen aber delikat und frisch sind. Und wenn man in Orford den Genuss der lokalen Austern versäumte, kann man das hier nachholen, denn *Orford Oysters* stehen – je nach Jahreszeit – auf der Karte. In der Nähe liegt der *Royal Pavilion*, der in dem Roman »Mörderische Obsession« (2014) als Kulisse in einem Film dient, dessen Hauptdarstellerin bedroht wird und Schutz braucht; natürlich ist sie im *Grand Hotel* abgestiegen. Die wirklich schaurigen Verbrechen wie Säuremorde, die Erstellung von sogenannten *Snuff-Videos* oder die Entführung reicher Opfer allerdings geschehen meistens außerhalb dieses lebendigen, bunten Zentrums der Küstenstadt. Wie auch die männermordende »Schwarze

Witwe« in »Stirb ewig« (2007) ihr tödliches Geschäft in einem Vorort betreibt. Oder wie ein Vergewaltiger und Schuhfetischist durch die ganze Stadt gejagt wird (»Du sollst nicht sterben«, 2011), um endlich in Shoreham-by-Sea westlich von Brighton gestellt zu werden.

Wenn Brighton das »London am Meer« genannt wird, so kann man diesen Vergleich auch auf die Krimis erweitern, die hier spielen: Neben der Metropole ist das Seebad inzwischen der Ort, der für Autoren als *location* ähnlich attraktiv ist wie die Hauptstadt. Das zeigt sich auch in der Menge an Romanen, die Brighton als Schauplatz haben und dabei von brutal bis *cozy* das ganze Spektrum der Krimi-Literatur abdecken. Eines jener Verbrechen, das für die Öffentlichkeit teilweise »unter dem Radar« stattfindet, aber auch und gerade in Brighton beachtliche Umsätze erzielt, ist das Drogengeschäft. Und der Autor MARK PETERSON (i.e. Richard Bingham) greift genau dieses Thema in seinem Roman »Flesh & Blood« (2013) auf, dessen Titel genauso blutig ist wie die Handlung. Die *Serious and Organised Crime Unit* (SOCU) Polizei in Brighton versucht schon seit Langem, Drogenhändler zu überführen, ohne allerdings zu wissen, dass auch einer der Ihren intensiver in kriminelle Aktivitäten verstrickt ist. Der engagierte, kluge Detective Sergeant Minter muss sich anfangs gegen seine Kollegen behaupten, bevor er langsam erfolgreich werden kann. Die Ermittlungen, bei denen der Leser verschiedene Stadtteile und zahlreiche Kneipen kennenlernt, führen auch in die *gay scene*, und er gewinnt bei der Lektüre den Eindruck, als würden sich Verbrechen lohnen. Ein jugendlicher Drogendealer aus dem Osten Brightons, obwohl im *Whitehawk housing estate* lebend, fährt einen Range Rover, und die »Drogenchefs« wohnen in einem eleganten *townhouse* am Sussex Square mit Blick aufs Meer. Die Bandenkämpfe und die Überwältigung der Täter allerdings geschehen extrem brutal: Selbst wenn Fleisch, Blut und obendrein Gehirnmasse nur fiktiv dekoriert werden, ist vielleicht ein Glas Whisky bei der Lektüre als »Erste Hilfe« für den Leser sinnvoll. Denn damit ist die Blutrünstigkeit, die der Titel verspricht und erfüllt, vielleicht besser zu überstehen!

Falls man es aber noch blutiger haben will – auch das bietet Brighton, genauer: in dem speziellen Bereich des Tätowierens. Die Autorin ALISON BELSHAM lässt in ihrem Roman »Der Tattoosammler« (2020) den trotz seiner Jugend schon beförderten Detective Inspector Sullivan und die Tattoo-Künstlerin Marni Mullins gemeinsam einen Serienkiller jagen. Dieser Verbrecher hat ein seltsames Hobby: Als Liebhaber von Tätowierungen sucht er besonders künstlerische, was seine Opfer, die bei lebendigem Leibe gehäutet werden, nicht überleben. Eigentlich ist der englische Originaltitel »The Tattoo Thief« passender, da er das Verbrecherische eindeutiger macht. Belsham, selbst Tätowierungen schätzend, führt nicht nur in diese Tätigkeit ein, sondern irritierender Weise auch, da sie den Täter immer wieder zu Wort kommen lässt, in die »Arbeit« von Häuten und Gerben. Zugleich aber lernt man Brighton wieder aus einer anderen Perspektive kennen, denn die Protagonisten besuchen im Wesentlichen nur real existierende Orte. Natürlich dürfen – wie fast immer – der *Royal Pavilion* (Leichenfund) wie der *Palace Pier* (Leichenfund) nicht fehlen, und ebenso der *West Pier* – keine Leiche, nur eine verrottete Insel, »heimgesucht von den Geistern lang vergessener Urlauber und unbedeutender Kleinkrimineller«. Mullins

wohnt in der Great College Street in einem schönen Reihenhaus nahe dem Meer, das noch ihr Ex-Mann gekauft hat. Ihr Tattoo-Studio mit dem bezeichnenden Namen »Celestial Tattoo« aber betreibt sie in der Gardner Street mitten in dem alten, inzwischen jedoch ungemein angesagten Viertel *North Laine*.

Während die Gegend im 19. Jahrhundert ein heruntergekommener Slum war, entwickelte sie sich während der 1970er-Jahre zu einem interessanten Einkaufs- und Vergnügungsviertel. Genau genommen ist es hier viel amüsanter als in den von Touristenmassen bedrängten *Lanes*. Wenn man mit dem Zug nach Brighton kommt, geht man nach Verlassen des Bahnhofes die Queens Road etwa 500 m nach Süden, um dann links in die North Road einzubiegen. Vielleicht nimmt man ein Pint in *The Heart & Hand*, wo Mullins auf die Freunde des einen Opfers trifft, denn schließlich liegt das Pub bei ihr um die Ecke. *North Laine* ist ein ungemein lebhaftes Viertel, in dem man gut einen ganzen Tag verbringen kann mit Schauen, Shoppen, Staunen und Schmecken, denn nicht nur viele Läden von normal bis irre, sondern auch zahlreiche Cafés, Restaurants und Kneipen können besucht werden. Leider sind inzwischen die vielen kleinen wie großen und gut sortierten Antiquariate verschwunden, die zum *book hunting* einluden. Ein Besuch in dieser ziemlich »hippen« Gegend ist zu empfehlen, lenkt er doch ab von den kruden Brutalitäten, die man über den psychotischen »Tattoo-Sammler« lesen musste.

Da in den letzten beiden Romanen viel Blut floss – im »Tattoo-Sammler« so viel, dass die Ermittler am Ende darauf ausrutschten – ist es vielleicht gut, Brighton nicht nur als »Blut-Bade-Ort« zu zeigen. Und da die literarische Kriminalität mit Graham Greene begann, soll abschließend ein Roman vorgestellt werden, dessen Autorin den Verfasser von »Brighton Rock« verantwortlich macht für das, was sie selbst geschrieben hat. Lynne Truss lässt ihr Buch »A Shot in the Dark«, dessen Handlung in den 50er-Jahren des letzten Jahrhunderts spielt, mit dem *Middle Street Massacre* beginnen. Dieses verhilft dem ungeheuer eitlen Inspektor Steine zu ungeheurem Ansehen ungeachtet der Tatsache, dass er seiner Aufgabe, Brighton von Gangstern zu befreien, in keiner Weise nachgekommen ist. Doch die Welt glaubt es, und das macht das Seebad noch attraktiver. Denn vorher stand der Ort in einem bedenklichen Ansehen. Laut Truss assoziierten viele Menschen in den 50ern mit Brighton, beeinflusst von der Verfilmung des Greene-Buches, »crime, gangs; cockles and mussels in vinegar, shiny shingle, sunburned shoulders; more crime, more gangs; saucy postcards; then more crime, and more gangs.« Zumindest dürften in Zeiten des Internets die *saucy postcards* fehlen! Zwar wird in dem Roman eine stattliche Anzahl an Menschen ermordet, ob aber durch Gangs, das muss der Leser selbst erfahren. Denn – so ein Kritiker der *Daily Mail* – das Buch ist mehr Marx Brothers als Agatha Christie, und, das sei angemerkt, trotz der vielen Toten durchaus entspannend und vor allem vergnüglich zu lesen. Humorvolle Kriminalromane nämlich sind nicht so häufig! Bei diesem Buch braucht man also keinen Whisky, sondern höchstens die obligate Tasse Tee, welche auch in dem Roman reichlich getrunken wird. Und falls man gerade in Brighton ist, sollte man sich vielleicht den *Afternoon Tea* im *Grand Hotel* gönnen – mit entspanntem Blick aufs Meer und mit allen Bestandteilen, die nach diesem Genuss den Verzicht auf das Abendessen notwendig machen.

Nicht immer sind die Örtlichkeiten in Kriminalromanen auf der Landkarte verifizierbar, da fiktiv, dennoch gibt es sie, und zwar in der erinnerten Wirklichkeit des Autors oder der Autorin, oder – um eine Historikerin zu zitieren – als *countries of the mind.* Das wird besonders deutlich bei Agatha Christie, die in ihren mehr als 60 Romanen nur wenige präzise geographische Angaben macht. Stattdessen beschreibt sie die Atmosphäre eines Ortes (meistens ein Dorf) oder eines Hauses (nicht selten ein Herrenhaus) und überlässt alles Weitere der Imagination des Lesers. Aber ihr *country of the mind* ist Devon, genauer: die Gegend um Torquay bis hin zum Flusse Dart und mit Abstechern ins Dartmoor. Agatha Christie wurde 1890 als Agatha Miller in Torquay geboren. Sie wuchs behütet auf, bis ihr Vater starb und sich finanzielle Probleme ergaben. 1914 heiratete sie den Fliegeroffizier Archibald Christie und zog mit ihm nach London beziehungsweise in die Nähe der Hauptstadt. Nach der Scheidung und einer neuen Ehe mit dem Archäologen Malloway wurde die kleine Stadt Wallingford nahe Oxford ihr Zuhause bis zum Tode 1976. Die eigentliche Heimat aber blieb Devon, und dort lebte sie im Sommer mit der Familie auf dem Feriensitz *Greenway* am Ufer des Dart, heute zum *National Trust* gehörend.

Noch weit bis ins 20. Jahrhundert hinein war Torquay der Hauptanziehungspunkt an der Englischen Riviera, schien es doch, als ob an seinem Strand mit Palmen und viel Sonne das Mittelmeer direkt in den Ärmelkanal fließen würde. Prominente aus ganz Großbritannien und sogar vom Kontinent machten Ferien in der Bucht, die als *Torbay* von Torquay bis nach Brixham reichte, weshalb das Hotelangebot hier sehr luxuriös war. Der *Prince of Wales* (später König Edward VII.) und andere Royals

wohnten im *Hotel Imperial* hoch oben über der Stadt, die auch viele Schriftsteller anzog – von Oscar Wilde über James Joyce bis T. S. Eliot. Heute aber ist es Agatha Christie, deren literarische Berühmtheit von der Stadt »vermarktet« wird. So hat man eine *Agatha-Christie-Mile* installiert, auf der ein interessierter Besucher an verschiedene Plätze der Stadt geführt wird, die einen Bezug zu der Autorin haben und durch eine große Gedenktafel mit einem als Medaillon eingefügten Bild von Christie gekennzeichnet sind.

Am einfachsten ist es, wenn man die Tour oben am *Hotel Imperial* beginnt, wo man vielleicht auch wohnt. Einen schöneren Blick über die Stadt und die Bucht bis Brixham kann man sich kaum vorstellen, wenn man einen der Räume zum Meer mit Balkon gebucht hat. Die »höhere Tochter« Agatha besuchte häufiger Gesellschaften in diesem Haus, und wenn sie in einem Roman ein besonderes Hotel benötigt, erinnert sie sich ans *Imperial*, das in zwei Romanen als *Majestic* erscheint. Und dort treffen wir dann jeweils auf einen der beiden Detektive von Christie: In »Das Haus an der Düne« (1933) ist es Hercule Poirot, der mit seinem Adlatus Hastings auf der

Die *Torbay* mit Blick auf Torquay

Hotelterrasse einen »Beinahe-Mord« erlebt. Und in »Die Tote in der Bibliothek« (1942) wird Miss Marple ins *Majestic* eingeladen, um einen Mord aufzuklären. Erst in »Ruhe sanft« (1977) darf Miss Marple dann vom *Imperial* über die Bucht schauen. Das kann man auch vom Endpunkt der *Mile*, dem *Grand Hotel* an der *Seafront* (Torbay Road), das 1881 am Bahnhof gebaut wurde, auf dass Reisende gleich ein Hotel fänden. Es zehrt in seiner Bedeutung immer noch davon, dass Agatha Christie dort ihre Hochzeitsnacht verbrachte – doch diese Information ist sicher nur etwas für »Hardcore-Fans«, denn von der Lage her wäre das *Imperial* attraktiver. Häufig wird in den Christie-Romanen mit Gift gemordet, was sie – Romane wie Autorin – sanfter erscheinen lässt, da Blut sparsamer fließt. Und deshalb kann vielleicht noch eine weitere Station auf der *Mile* interessant sein – *Torre Abbey* mit dem *Potent Plants Garden*,

Greenway, der Lebensort von Agatha Christie

Ein *Tearoom* in Cockington

einem Garten voll mit Giftpflanzen. Eine Gärtnerin, dabei der im 1. Weltkrieg als Apothekerin arbeitenden Christie gedenkend, hat zahlreiche giftige Gewächse angepflanzt, deren mögliche Gefährlichkeit Totenköpfe signalisieren.

Zwei Ausflüge sollte man von Torquay unternehmen, die zwar ein wenig von der Küste wegführen, aber in verschiedener Weise interessant sind. Im Westen liegt das Dörfchen Cockington, dessen reetgedeckte Häuser und traditionelle *Tea Rooms* eine Anregung gewesen sein könnten für die Ausgestaltung des Dorfes St. Mary Mead, in dem Christies Miss Marple das Böse bekämpft. Die Autorin war häufig zu Besuch bei Freunden in dem kleinen Ort, und häufig war sie auch in jener Landschaft, die als besonders unheimlich gilt – im Dartmoor. Die Gegend ist ideal für Picknicks und Wanderungen, aber seit Arthur Conan Doyle den »Hund von Baskerville«

Nächste Doppelseite
Die typische *Clapper Bridge* mitten im Dartmoor bei Postbridge nahe Princetown

dort sein Unwesen treiben ließ, werden nächtliche Exkursionen nur sehr zögerlich unternommen. Und dazu trägt auch die Tatsache bei, dass das berühmteste Gefängnis der Insel mitten im Dartmoor liegt. *HM Prison* in Princetown, nach 1806 für französische Kriegsgefangene gebaut, erweckt als düsterer Granitbau jenen Schauder, der die Furcht vorm Gefangensein und vor Gefangenen befördert. Inzwischen steht das Haus unter Denkmalschutz und soll wohl bald geschlossen werden. Christie lässt ebenfalls einen Roman im Dartmoor spielen; in dem Krimi »Das Geheimnis von Sittaford« (1933) liegt die einsame Moorlandschaft unter Schnee, und die Ermittlungen sind schwierig, denn weder Miss Marple noch Poirot sind beteiligt. Obendrein ist ein Häftling geflohen aus dem angeblich ausbruchsicheren Gefängnis; doch der Mörder wird gefasst, und Wanderer können wieder unbesorgt das Dartmoor durchstreifen.

Das berüchtigte *Dartmoor Prison* in Princetown

Die Schauplätze in Christies Romanen genau zu benennen ist schwer und einfach zugleich: Schwer, weil kaum ein Ort mit dem realen Namen vorgestellt wird, leicht, weil viele *locations* in Devon liegen und sie insofern von der Atmosphäre Südenglands umgeben sind. Das wird vor allem an den zahlreichen kleinen Orten deutlich, die auf die Silbe *-mouth* enden und damit eine Ähnlichkeit zu Küstenstädtchen wie Sidmouth oder Dartmouth insinuieren. Ein wichtiger Ort in Christies Leben erscheint mindestens in drei Romanen, wenn auch wieder camoufliert. Deshalb sollte man von Torquay an der Bucht entlang bis Brixham fahren und dort kurz Station machen, auch wenn man nicht wie Christie dort Hummer einkaufen will. Aber da der Ort ein sowohl malerischer wie wichtiger Fischereihafen ist mit vielen Booten und bunten Häusern, bekommt man hier den frischesten Fisch an der *Torbay*. Und falls man Vorurteile gegen Fish 'n Chips hat – im *Simply Fish* direkt am Hafen kann man sie ablegen! Dann geht es weiter Richtung Westen bis zum kleinen Ort Galmpton, um dann *Greenway Estate*, den Landsitz von Christie, zu erreichen. Dort wird mit dem Bootshaus unten am Dart ein Tatort geboten: In »Wiedersehen mit Mrs. Oliver« (1959) werden Garten und Haus (im Buch *Nasse House*) erkennbar beschrieben, und wenn man den Weg zum Fluss hinuntergeht, kann man die *crime scene* – ohne Blutflecken – besichtigen. Auch in »Das unvollendete Bildnis« (1957) ist das Haus des Ermordeten, eines fröhlichen Ehebrechers, als *Greenway* zu erkennen. Und das gilt ebenso für »Tödlicher Irrtum« (1960), wo *Greenway* das Modell für *Sunny Point* abgibt.

Das Anwesen, das Christie 1938 kaufte, gehört jetzt zum *National Trust* und ist ein gutes Beispiel dafür, dass nicht nur historische, sondern auch literarische Biographien beim Besuch der Häuser des Trusts erlebbar werden. Bei der Renovierung hat man sich bemüht, die Ausstattung so zu präsentieren, wie sie von ihrer berühmten Bewohnerin im Laufe der Jahre gesammelt wurde – auf den Beistelltischen viel Bric-à-Brac, in den Schränken noch Kleider und Pelzmäntel und im Schlafzimmer das eheliche Arrangement der Betten. Und die Besichtigung hinterlässt bei derartigen Besuchen, die man voller Neugier beginnt, immer ein Gefühl der Peinlichkeit, weil man sich als Eindringling in Privatestes empfindet. Durch den wunderbar angelegten Garten aber kann man ohne schlechtes Gewissen gehen, auf dem Rasen die geradezu antiquarischen Gerätschaften fürs Krocketspiel in Augenschein nehmen und am Ufer vielleicht in die Fähre nach Dartmouth steigen.

Wer lieber eine nostalgische Bahnfahrt machen möchte, sollte am Bahnhof Paignton in die *Dartmouth Steam Railway* einsteigen und am *Greenway Halt* die Fahrt unterbrechen. Nach dem Besuch bei Agatha Christie geht es weiter nach Kingswear, wo bereits am alten Bahnhof Hercule Poirot von Plakaten zu grüßen scheint und der Bahnsteig voll ist mit Eisenbahnfans, die auf die schnaufende Lok warten. Bei einem Spaziergang bewundert man die pastellfarbenen Häuser an der *seafront*, denn mit Ausnahme des *Princetown Prison* ist Devon meistens bunt!

Von Kingswear kann man ebenfalls mit der (Auto-)Fähre nach Dartmouth übersetzen. Dann fährt man am Hafen entlang und wirft einen Blick auf das *Britannia Royal Naval College*, das Prinzen zu Marineoffizieren erzieht, und wo einer von diesen namens Philip eine Prinzessin namens Elisabeth kennenlernte, die zu einer Königin wurde. Nun führt der Weg weiter nach Westen ans Meer, wo gegenüber dem kleinen Ort Bigbury-on-Sea die Insel Burgh Island liegt, die allerdings in den Romanen anders heißt. In dem dortigen Hotel machte Agatha Christie mehrmals Ferien und holte sich dort auch die Anregung für den Schauplatz zweier Romane. 1944 erschien in der Schweiz auf Deutsch »Letztes Weekend«, dessen Titel mehrfach geändert wurde und der zuletzt (2003) »Und dann gab's keines mehr« lautet. Auf diese einsame Insel wird eine Gruppe von Menschen eingeladen, die alle in irgendeiner Weise schuldig sind, aber nicht bestraft wurden. Und nun sterben sie auf mysteriöse Weise, bis zum Schluss niemand mehr am Leben ist. Sinnigerweise löst erst eine später aufgefundene »Flaschenpost« das Rätsel.

Etwas schneller wird das Rätsel in »Das Böse unter der Sonne« (1941) gelöst, aber das verwundert nicht, ist doch auch Hercule Poirot Gast in dem Hotel. Das *Burgh Island Hotel* kann nur bei Ebbe trockenen Fußes erreicht werden, sonst mit einem speziellen *Sea Tractor* – oder einem Helikopter. Der Umbau des Hotels durchlief mehrere Stadien, bevor es ab 1933 als ein im *Art déco Stil* gestaltetes Haus viele prominente Gäste begrüßen konnte; inzwischen steht es unter Denkmalschutz. Es ist nach gründlicher Renovierung auch heute noch durchaus

attraktiv, allerdings recht kostspielig, aber die Atmosphäre beim abendlichen Diner (»*black tie*« erwünscht) versetzt ein wenig in die Vergangenheit. Nicht nur aus Werbegründen werden die 30er-Jahre beschworen, die in Architektur und Design sehr präsent sind. Wenn man dann am späten Abend in der *Peacock Bar* unter der bunten Glaskuppel noch ein *nightcap* genießt, könnte es ein perfekter Urlaub werden – schließlich dürften Mörder wohl kaum zu erwarten sein.

Überhaupt ist Devon eine ziemlich »unkriminelle« Grafschaft – natürlich nur unter literarischem Aspekt. Abgesehen vom unheimlichen Dartmoor, das aber die richtigen Kriminellen hinter richtigen Mauern gefangen hält, wird das südliche Devon bestimmt von der Ferienidylle der Englischen Riviera. Nur in North Devon wird es wieder brutaler, und dafür ist ANN CLEEVES verantwortlich, die einen neuen Detektiv dort ermitteln lässt.

Burgh Island nahe Bigbury-on-Sea in Devon

Der Roman »The Long Call« (2019) spielt in Barnstaple, im viktorianischen Seebad Ilfracombe, in kleinen Orten der Umgebung und an der Mündung der beiden Flüsse *Taw* und *Torridge,* die westlich der Stadt ins Meer (i.e. *Bristol Channel*) münden. Aber dort ist die Küste teilweise felsiger, das Meer rauscht rauer, da schon der Atlantik ans Ufer rollt, und die Morde sind recht brutal – aber das gilt eigentlich überall für jegliche Gewaltverbrechen.

Damit der Text über Devon etwas idyllischer endet, begeben wir uns zum Abschluss noch einmal an die Englische Riviera. In dem Roman »The Riviera Express« (2017), erster Band der Serie »Miss Judy Dimont Mysteries«, stellt TP Fielden (i.e. Christopher Wilson) die Gegend und ihre Bewohner sehr *cozy* dar. Es sind die 50er-Jahre in einem Ort, der große Ähnlichkeit mit Torquay aufweist, und dort arbeitet eine Journalistin, die früher Geheimagentin war. Da verwundert es nicht, dass sie lieber in einem Mordfall ermittelt, als über die Sitzungen der Stadtverordneten zu berichten. Zwar sind die Verbrechen nicht unwichtig, aber sehr viel interessanter ist die geradezu nostalgische Atmosphäre, die der Autor evoziert und damit den Leser zurückversetzt in ein typisch englisches Strandbad mit Pubs, *Tea Rooms*, einem Pier und Eisverkäufern. Es ist idyllisch und friedlich, und ihm fehlt die Brutalität von Brighton. Und der richtige »Riviera Express« fährt immer noch in den Süden und das seit 1904 unter der Bezeichnung *Cornish Riviera Express* von London Paddington nach Penzance in Cornwall. Aber um das Cornwall von Daphne du Maurier zu besuchen, jener Autorin, die diese Gegend auf die literarische Landkarte gesetzt hat, steigen wir entweder in Par aus und nehmen ein Auto nach Fowey oder wir fahren bis St. Austell, um dann mit dem Bus ans Ziel zu kommen. Wenn wir von Torquay aus weitergereist sind, werden wir das wohl im Auto getan haben, um einige Zwischenstationen einzulegen – zum Beispiel in Plymouth. Dort ermittelt DI Charlotte Savage (nomen est omen?) in teilweise extrem brutalen Verbrechen, die Mark Sennen erfunden hat. Und wer an Piraten interessiert ist, kann dort am Hafen die Spuren von Francis Drake suchen, der nicht nur der Retter Britanniens gegen die Spanische Armada war, sondern als Freibeuter auch die königlichen Schatztruhen füllte!

Ob mit den »Öffentlichen« oder mit dem Auto – wir kommen jetzt nach *Fowey* in Cornwall, dem Herzogtum des Prince of Wales und der Herzenslandschaft der (deutschen) Leserinnen – und vielleicht auch Leser – von Rosamunde-Pilcher-Romanen. Für englische Leser aber beginnt dort vor allem die literarische Landschaft von Daphne du Maurier und einiger ihrer Bücher. Aus einer Künstlerfamilie stammend, war die 1907 geborene Londonerin schon als junge Frau für etliche Monate im Jahr in das Ferienhaus in *Fowey* gezogen, direkt an der Mündung des *River Fowey*, um dort in selbstbestimmter Einsamkeit leben und schreiben zu können. Dazu gehörten Bootsfahrten auf dem Fluss und auf dem Meer und vor allem Erkundungen der rauen Landschaft. Oder um aus den Erinnerungen von du Maurier zu zitieren: »Hier war die Freiheit, zu schreiben, zu wandern, Hügel zu erklimmen, allein zu sein.« Und

Ferryside, das Ferienhaus von Daphne du Maurier in Bodinnick-by-Fowey

bei ihren Streifzügen macht sie sich gewissermaßen das Land, die Landschaft und deren Geschichten zu eigen. Daraus ergibt sich eine ungewöhnlich enge Verbindung von Realität und Fiktion – genauer: von *location* und Handlung. Im Vorwort zu ihrem Buch »Enchanted Cornwall« (1989) beschreibt sie diese besondere Verbindung. Cornwall habe mit ihr kommuniziert und sie mit Cornwall, denn hier entdeckte sie sich selbst als Person wie als Schriftstellerin. Sie durchstreifte das Land träumend und erkennend zugleich, dabei Wesentliches erfahrend und in ihren Werken sichtbar machend. Manches davon war abenteuerlich und in ihrer Imagination auch mörderisch. Und so wie du Maurier durch »ihr« Cornwall gestreift ist, kann man es auch nach dem Lesen und Wandern tun und diese Landschaft für kurze Zeit zu der eigenen machen und wie die Autorin auch einen Ausflug ins Binnenland unternehmen.

Bei ihren Exkursionen durchs Land kommt du Maurier ins Bodmin Moor, dessen dunkle, fast diabolische Schönheit sie fasziniert, und kehrt in dem einsam gelegenen Gasthaus *Jamaica Inn* ein. Als sie das granit-graue Anwesen erstmals sieht, weiß sie gleich, dass darin »eine Geschichte steckt«. Und in diesem Zusammenhang sei du Maurier mit einer Aussage zitiert, die mit der von P. D. James korrespondiert über den Zusammenhang von Ort und Narration: »People say that my fictional characters seem to emerge from the places where my stories are set.« Dann erscheint 1936 ihr Roman »Jamaica Inn«, der die kriminellen Aktivitäten einer Schmugglerbande beschreibt, die mit Strandräubern zusammen plündert und mordet. Eine junge Frau kommt nach dem Tod der Mutter zu ihrer einzigen Verwandten in das Gasthaus, den Unterschlupf der Verbrecher, schöpft Verdacht, muss fliehen und rettet sich zu einem Pfarrer, der aber leider der Kopf der Bande ist. Es gibt eine Art Happy End, das allerdings ein wenig kontrastiert mit der unheimlichen Atmosphäre, die von der Landschaft und den Menschen bestimmt wird.

Das Gasthaus gibt es noch heute. Es liegt in dem kleinen Ort Bolventor mitten im Moor an der A30, die als »Hauptstraße« durch Cornwall bis Land's End führt. Deshalb ist es auch nicht mehr einsam dort oben, denn die touristische Attraktion der *location* lässt du Maurier- und Schmuggler-Fans gleichermaßen dort Station machen. Das Restaurant bietet die üblichen Standardgerichte, von denen man vielleicht sicherheitshalber das *Mighty All-day Breakfast with 12 items* wählen sollte, falls man es nicht nach der Übernachtung in einem *Four Poster Bed* im oberen Stock am nächsten Morgen essen möchte. Obendrein führt das Haus zwei Museen in einem: Das Schmugglermuseum beherbergt das mit Erinnerungsstücken wie Schreibtisch, Schreibmaschine und bevorzugter Zigarettenmarke eingerichtete ehemalige Arbeitszimmer von du Maurier. Und im Haus soll es auch spuken – sogar eine *ghost hunt* wird angeboten.

Während du Maurier *Jamaica Inn* auf einem Ritt mit einer Freundin kennenlernte, unternahm sie die meisten Exkursionen um Fowey herum zu Fuß. Und dabei entdeckte sie ein nicht mehr bewohntes, vernachlässigtes Herrenhaus in einem großen, etwas verwilderten Park, attraktiv in Meeresnähe gelegen. Menabilly gehört einer sehr alten, sehr vornehmen und sehr reichen Familie, den Rashleighs of Fowey and Menabilly. Dieses Haus wird zum Haus ihrer Träume, ihrer Phantasien und bald auch zur Szenerie in einem neuen Roman. 1938 erscheint »Rebecca«, ihr erfolgreichstes Buch, das mit der Zeile beginnt: »Gestern Nacht träumte ich, ich sei wieder in Manderley.« Menabilly wurde in ihrer Imagination zu Manderley, dessen frühere Herrin unter mysteriösen Umständen starb. Der Witwer heiratet erneut, doch seine junge Frau wird von der Haushälterin, die sich der alten Herrin verpflichtet fühlt, seelisch gequält. Fast genauso bedeutsam wie das Haus ist das Meer – beide wohl die wichtigsten Elemente im Leben der Autorin. Erst als die düsteren Geheimnisse des Mannes enthüllt werden und das Haus abbrennt, kann das Paar Glück finden. Du Maurier aber will ihr Glück in Menabilly finden und mietet das Haus, denn je länger sie in Fowey lebt, je genauer sie die engere und weitere Gegend um den Ort erforscht hat, umso intensiver wird der Wunsch, für immer dort zu bleiben.

Ihre Bücher vermitteln ein so eindrucksvolles Bild von Cornwall, genauer: von der Gegend um Fowey, dass diese zu einer Touristenattraktion wird und der Ort selbst im Sommer häufig überfüllt ist. Die engen Gassen wurden zu Einbahnstraßen, weshalb man sinnvollerweise den großen Parkplatz außerhalb nutzt. Und dann läuft man in Ruhe durch das atmosphärisch-malerische Städtchen und nimmt den Lunch vielleicht in einem Restaurant, das direkt am Fluss liegt. Das könnte zum Beispiel das *Old Quay House* in der Fore Street sein, das eine aparte Karte bietet. Da man aber auch einen Eindruck von dem bekommen möchte, was du Maurier sah und verarbeitete, sollte man in die Umgebung von Fowey aufbrechen. Wanderlustige nehmen den *South West Coast Path*, der im Süden des Ortes beginnt und oben auf den Klippen Richtung Menabilly führt und den Blick nach unten auf den Strand bei Polridmouth ermöglicht – eine wichtige *location* in »Rebecca«. Oder man nimmt die A3082 aus der Stadt hinaus und biegt nach etwa 4 km links ab Richtung Polkerris. Wenn dann ein Sträßchen nach Polkerris abzweigt, sollte man geradeaus weiterfahren, vielleicht an der *Tregaminion Church* anhalten (wo der Trauergottesdienst für du Maurier stattfand) und bis zum Eingang von *Menabilly* gehen. Allerdings weisen Schilder deutlich auf den Privatbesitz hin, der Zugang ist also versperrt – Rebecca-Fans können also auch nur von *Manderley/Menabilly* träumen. Einfacher kann man auf den Spuren der Autorin zu einem ihrer Lieblingsplätze gelangen, wenn man zurückfährt und dann in die kleine Straße nach Polkerris einbiegt. Unten am Strand des Dörfchens, auf der Terrasse von *The Rashleigh Inn* (hier gehört

Cornische Küste am Abend

CAFFE PASTA & PIZZERIA

fast alles zu dieser Familie) und unter einer großen Galionsfigur kann man den Urlaub genießen – vielleicht bei Fish'n Chips und einem guten Pint.

So unheimlich Cornwall auch bei du Maurier erscheinen mag, ist es doch die beliebteste Ferienlandschaft in England und das nicht nur für Engländer. Deutsche Urlauber zieht es verstärkt in den Südwesten der Insel, seit die Romane von Rosamunde Pilcher (1926 nahe St. Ives in Cornwall geboren) für das Fernsehen verfilmt wurden – fast 150 bisher. In ihnen ist die Landschaft meistens von der Sonne beschienen, wenn es tropft, ist es nicht der Regen, sondern sind es die Tränen der Heldin, und die Menschen leben häufig in alten Herrenhäusern, deren Besitzer ihrerseits davon leben, dass Pilcher-Fans sie besichtigen möchten. Und gemordet wird in ihren Romanen auch nur sehr zögerlich; die größten Verletzungen sind meistens gebrochene Herzen, die aber im Film nach 90 Minuten wieder als geheilt entlassen werden. Und vielleicht ist es eher Pilcher als du Maurier, die zumindest deutsche Autoren beziehungsweise Autorinnen veranlasst hat, ihre Kriminalromane in Cornwall anzusiedeln, denn die gibt es inzwischen. Einer der Autoren, THOMAS CHATWIN, hat eine besondere Verbindung zu der Schriftstellerin, denn als Claus Beling war er maßgeblich an der Gestaltung der Pilcher-Filme im ZDF beteiligt. Und er hat seine Romane um die Amateurdetektivin Daphne Penrose in Fowey angesiedelt. Denn immerhin hat Daphne ihren Vornamen du Maurier zu verdanken, bei der ihre Mutter gearbeitet hat und mit der sie selbst auch häufiger zusammen war – am liebsten im Garten von Menabilly. Jetzt ist sie Briefträgerin und hilft in dem Krimi »Post für den Mörder« (2018) zusammen mit ihrem Mann, einem Meeresbiologen und »Hafenmeister«, drei Morde aufzuklären. Und dabei wird der Leser mitgenommen nicht nur auf einen interessanten Rundgang durch Fowey, nicht nur auf Fahrten durchs Bodmin Moor, sondern auch auf einen Besuch in St. Ives und Zennor, wohin wir uns jetzt auch wenden.

Bevor es die Autorinnen und Autoren von Krimis nach Cornwall zog, waren es Künstler, hauptsächlich Maler, denen die eindrucksvolle Landschaft mit dem besonderen Licht Inspiration für ihre Werke gab.

Vorhergehende Doppelseite
Blick auf St. Ives

Vor allem die Penwith Halbinsel übte eine besondere Attraktion aus, und so waren es die Orte Penzance und Newlyn im Süden und St. Ives im Norden dieser Landzunge, in denen sich »Künstlerkolonien« bildeten. Die *Art Gallery* an der Promenade von Newlyn und *The Exchange* am Hafen von Penzance präsentieren die Werke nationaler, aber auch internationaler Künstler und veranstalten Workshops für Kunstenthusiasten. In Newlyn werden wir gleich eine Fotografin und Malerin treffen, die eine fatale Neigung für die Beschäftigung mit Verbrechen hat.

St. Ives ist in Literatur und Kunst noch etwas bekannter, und dafür sind unter anderem die Schwestern Stephen verantwortlich – besser bekannt als Virginia Woolf und Vanessa Bell. Woolf gilt als diejenige Autorin, die neben du Maurier Cornwall an prominenter Stelle auf die literarische Landkarte einzeichnete, nachdem ihre Romane »Jacobs Zimmer« (1922), »Die Fahrt zum Leuchtturm« (1927) und »Die Wellen« (1931) erschienen waren. Ihre Schwester Vanessa begann dort, intensiver als Malerin zu arbeiten und dabei auch auf Vorbilder wie Whistler oder Turner zu schauen. Bereits seit Mitte des 19. Jahrhunderts entwickelte sich St. Ives zu einem Zentrum der Malerei, in dem sich zuweilen mehr Künstler zusammenfanden als in Paris. Wenn man heute durch die engen Gassen schlendert, scheint man fast mehr Galerien als Restaurants zu sehen, und am Hafen muss man darauf achten, nicht an eine Staffelei zu stoßen. Die künstlerische Bedeutung des Ortes materialisiert sich gewissermaßen in dem Museumsbau der *Tate St. Ives*, dem dritten Haus der *Tate* in England. Vielleicht noch interessanter ist ein Besuch im ehemaligen Atelier der Bildhauerin Barbara Hepworth, das mitsamt dem Garten und den in ihm aufgestellten zahlreichen Skulpturen zu einem eindrucksvollen, im wahrsten Sinne des Wortes plastischen Museum wurde.

Nach St. Ives kommen wir bald zurück, jetzt begleiten wir erst einmal die Fotografin und Malerin Rose Trevelyan bei ihrer Arbeit an der *Mount's Bay*, wo sie nach Motiven sucht, die später auf Postkarten und Postern in Andenkenläden vermarktet werden können. Die Autorin Janie Bolitho lässt Rose in den sieben Bänden der Reihe »Cornwall Mysteries« (1997–2003) eine Karriere als Künstlerin verfolgen, wobei diese aber immer wieder abgelenkt wird durch das Verfolgen von Verbrechern. Obendrein gerät sie mehrfach in Gefahr, aus der sie nicht

selten der DCI Jack Pearce, ihr Partner in einer »on-off-Beziehung«, retten muss. Die Titel der Bücher, alle mit dem Bezug zu Cornwall, aber immer mit einer Ergänzung wie »Snapped« oder »Buried« oder »Killed«, lassen das Schlimmste befürchten. Doch da die wunderschöne Landschaft eine wesentliche Rolle spielt, kann der Leser auch mal von der Spannung zur Entspannung wechseln. Und sehr viel mehr als in anderen Büchern kann er die Heldin auf ihren Wegen durch Newlyn, Penzance oder über den Strand an der *Mount's Bay* begleiten. Die Gestaltung ihrer Bilder verlangt von Rose genaues Sehen und Beschreiben, und das übermittelt die Autorin dem Leser sehr anschaulich. Die *Market Jew Street* in Penzance könnte er genauso entlanggehen wie die Gasse *Causewayhead*, in der sich kleine Läden und viele Käufer drängen. Er kann sich an den Kai des Hafens von Newlyn setzen oder mit den Fischern in *The Swordfish Inn* ein Pint trinken. Bolitho kommt selbst aus Cornwall, und die Kenntnis von Land und – nicht gerade unwichtig – von Leuten wird in ihren Büchern deutlich.

In St. Ives, dem anderen und bedeutenderen Künstlerort, hilft ebenfalls eine Malerin dem Kriminalinspektor bei dessen Ermittlungen, und das vermag sie auch deshalb, weil sie besonders hellsichtig ist. Debby Fowler siedelt ihre Heldin Felicity Paradise, Witwe eines Anwaltes, von Oxford nach St. Ives um, wo es dieser in dem ersten Roman »Letting Go« (2006) gelingt, zusammen mit dem Polizisten den Mörder ihres Mannes und den Kopf einer Drogenbande dingfest zu machen. Zu Beginn

Gasse in St. Ives

The Sloop Inn am Hafen von St. Ives

Sloop Inn
Circa·1312
THE SLOOP INN
A Fine Selection of
ALES
Three Bars
GOOD FOOD
Circa 1312
THE SLOOP INN
Circa 1312 A.D.
Extensive Wine List
Breakfast Available from 9am To 11am
Tea and Coffee Served all Day
Ensuite Accommodation Overlooking The Harbour
Permanent Art Exhibition in Cellar Bar

ihres Aufenthaltes hat sie sich in einem B&B in Meeresnähe eingemietet, und der Leser kann sie auf ihren Wegen durch den Ort und beim Schlendern am Hafen verfolgen. Besonders intensiv wird von der Autorin, die selbst in St. Ives lebt, die Atmosphäre dieser kleinen Stadt evoziert: die engen, malerischen Gassen, das Hafenbecken mit den Touristen in den Liegestühlen, die vielen Restaurants mit köstlichen Fischgerichten. Ein häufiger Treffpunkt ist *The Sloop Inn* in der Wharf Road direkt am Wasser; leider kann man dort – jedenfalls im Roman – einem besonders bösen Buben begegnen. Aber da das Gasthaus (angeblich aus dem 14. Jahrhundert stammend und unter Denkmalschutz stehend) besonders interessant ist, sollte man es dennoch frequentieren, denn direkt am Hafen schmeckt ein *Seafood Platter* besonders gut. Obendrein ist man hier dem historischen St. Ives nahe, denn in dem niedrigen Gastraum trafen sich schon vor mehr als hundert Jahren die Künstler, um gemeinsam mit den Fischern und ohne elitäre Attitüde den Feierabend zu genießen.

Felicity Paradise, von ihren Freunden »Fizzy« genannt, beschließt bald, ganz in St. Ives zu bleiben, kauft sich ein Cottage und kann nun in Ruhe an ihren Zeichnungen arbeiten (»Intensive Care«, 2007). Doch wieder sind es Erinnerungen an Oxford, die ihr polizeiliche Ermittlungen notwendig erscheinen lassen. Dieses Mal kommt sie auf der Suche nach einem verschwundenen Jungen nach Zennor, einem sehr kleinen Dorf im Westen von St. Ives, nahe der See gelegen. Im Sommer ist es eine schöne Wanderung von St. Ives an der Küste entlang mit Blick aufs Meer. Schon im Hellen ist der Weg entlang den Klippen nicht ungefährlich, doch im Dunklen fördert ein Gang dort die Spannung. Umso schöner ist es dann in dem alten und sehr authentischen Pub *The Tinner's Arms* einzukehren, das in den Ursprüngen aus dem 13. Jahrhundert stammt. Es erinnert an die Zinnminen und deren Arbeiter und bietet Wanderern mindestens einen *Ploughman's Lunch*, aber auch ein umfangreicheres Menu. Bereits D. H. Lawrence schätzte das Pub, als er in Zennor lebte, bevor er den Ort verlassen musste, da während des 1. Weltkrieges wegen seiner deutschen Frau als Spion verdächtigt. Wer es etwas gastronomischer möchte, sollte vielleicht in *The Gurnard's Head* einkehren, zwar einsam gelegen, aber immer gut besucht, da die Küche regionale Produkte exzellent verarbeitet, was auch vom *Michelin* gewürdigt wird.

Jetzt sind wir bereits an der felsigen Atlantikküste von Cornwall und verfolgen diese vielleicht auf dem *South West Coast Path* entlang der Klippen Richtung Norden. Dort lebt in dem fiktiven Ort Boscawen Reverend Dodd, Pfarrer von *St.-Michael's-on-the-Cliff*. Und von dem und dessen detektivischen Fähigkeiten schreibt John Bude, den wir bereits im Lake District kennenlernten, in seinem Roman »Mord in Cornwall« (1935). Zwar sind die Orte fiktiv, doch wurden sie in Annäherung an tatsächlich existierende *locations* benannt, auch wenn diese abgesehen von Boscastle nicht an der Küste liegen. Und diese wie auch der wilde Atlantik bei stürmischem Wetter und Donnergrollen spielen eine besondere Rolle bei der Planung und Ausführung des Verbrechens, was der Originaltitel »The Cornish Coast Murder« deutlicher macht.

Pfarrer scheinen eine besondere Kompetenz zu besitzen, wenn die Polizei kriminalistischen Rat braucht – sei es Sidney Chambers in Grantchester oder Pater Brown in Blockley *aka* Kembleford (davon später). Der Pfarrer und sein Freund, der Arzt, treffen sich wöchentlich und diskutieren die neuesten Kriminalromane aus der Leihbibliothek. Plötzlich jedoch geschieht wirklich ein Mord in dem kleinen cornischen Ort: Ein Richter wird nahe der Küste im Herrenhaus erschossen, doch Motiv und Tathergang bleiben lange unklar. Bis Reverend Dodd dank der guten Kenntnis seiner Gemeinde und dank seines noch besseren Gedächtnisses das Rätsel löst. Am Ende sitzen Pfarrer und Arzt wieder vor dem Kamin gemütlich beisammen, doch nach der Konfrontation mit einem echten Mord ist ihnen der Spaß an Kriminalgeschichten vergangen. Dem Leser jedoch nicht, und besonders dann nicht, wenn er solche Literatur in einem gemütlichen Zimmer an einem Kaminfeuer lesen kann. Und was Verbrechen angeht, so ist die *scene of crime* in einem Dorf übersichtlicher und scheinbar nicht ganz so schrecklich. Doch davon im nächsten Kapitel!

Gefährliche Idylle

The Heart of England

(und ein kleiner Ausflug nach St. Mary Mead)

Zwar waren wir bisher nicht nur an der Peripherie der Insel unterwegs, denn immerhin gilt die Metropole London in vieler Hinsicht als das Zentrum des Landes, doch für viele Engländer zählt ein anderer Mittelpunkt, der geradezu poetisch benannt wird: *The Heart of England*. Und dieses »Herz« schlägt am intensivsten in den Cotswolds, ein Gebiet westlich von Oxford, das sich unter anderem in die Grafschaften Gloucestershire, Oxfordshire und Warwickshire erstreckt. Die Landschaft ist charakterisiert durch sanfte Hügel, kleine Wälder, Felder mit Mohnblumen und Schafweiden, und sie gehört zu jenen Gebieten Englands, die den Titel *Area of Outstanding Natural Beauty* tragen. Aber nicht nur die Landschaft ist es, die Touristen wie Wochenendhausbesitzer aus London gleichermaßen anzieht. Die Cotswolds mit den kleinen Städten und noch kleineren Dörfern, in denen reetgedeckte Cottages und bunte Staudengärten die Jahrhunderte überdauert zu haben scheinen, sind der Inbegriff des ländlichen England. Dieses ist für nicht wenige Inselbewohner (wie auch für viele Touristen) das wahre, das eigentliche, das nicht selten nostalgisch verklärte England.

Da jedoch die *countryside* zunehmend gefährdet ist in ihrer malerischen Existenz, gibt es schon seit längerer Zeit Bemühungen zum Erhalt der Landschaft und ihrer traditionellen Struktur; bei diesem Einsatz ist die *Campaign to protect rural England* (seit 2020 *The countryside charity*) unter ihrer Patronin Queen Elizabeth II. federführend. Und in einem Vorwort zu dem Buch »Icons of England« (2008) schreibt ihr Sohn, Prince Charles, welche Bedeutung das ländliche England für die Identität der Nation hat. »England is blessed with some of the most beautiful scenery in the world. […] To me, it embodies England's very soul and is as precious as any

Ein Cotswolds Cottage in Chipping Campden

Cathedral. The dry stone walls, the hedges, the thatched cottages, the village churches [...] are at the heart of what it means to be English.« Und hier sollte eigentlich Frieden, Harmonie und Idylle herrschen, doch leider haben Kriminelle diese Worte wohl nicht gelesen!

Es gibt noch eine steigernde Präzisierung für die Cotswolds: *The honeyed stone heart of England*, wie es bei *National Geographic* so einfühlsam heißt. Denn nicht nur die *thatched cottages* allein bestimmen das idyllische Bild der Region, sondern vor allem deren Farbe. Das an Honig erinnernde Kolorit rührt von dem speziellen Kalkstein der Gegend her. Dieser wird unter dem Begriff *Cotswold stone* rubriziert (Fachbegriff: *Oolitic Limestone*) und ist mehr als 150 Millionen Jahre alt. Sehr viel poetischer beschreibt ihn J. B. Priestley: »Even when the sun is obscured and the light is cold, these walls are still faintly warm and luminous, as if they knew the trick of keeping the lost sunlight of centuries glimmering about them.«

Dennoch darf diese idyllische Beschreibung eines Cotswolds-Dorfes nicht darüber hinwegtäuschen, dass auch hier – und nicht nur nach Ansicht von Sherlock Holmes *gerade* hier –, Literarisch-Mörderisches geschieht. Zwar ist *The Heart of England* kein prinzipiell verbrecherisches Herz, aber kaum irgendwo könnte der Kontrast von heller dörflicher Idylle und dunklen Schändlichkeiten stärker sein, und zwar jener Kontrast, der das Interesse am Kriminalroman befördert. Schon W. H. Auden stellte in seinem Essay »Das verbrecherische Pfarrhaus« (1948) fest, es fiele ihm schwer, einen Detektivroman zu lesen, der *nicht* im ländlichen England spielt. Denn nur dort ließe sich auf dem engen Raum einer scheinbar heilen Welt das Eindringen des Amoralischen, des Sündhaften nachdrücklich zeigen. Während Auden auf den Gegensatz von Sünde und Gnade reflektiert – der aufklärende Detektiv sorgt für die Wiederherstellung des »Gnadenzustandes« – geht es aber in den meisten Krimis, die auf dem Lande spielen, um den Kontrast von Idylle und Schrecken. Allerdings dürfte die Verklärung dörflichen Lebens kaum der Realität, auch nicht der historischen, standhalten. Dennoch: Diese Nostalgie wirkt bis heute, und sie sorgt dafür, dass die Cotswolds den atmosphärisch dichten Hintergrund bieten für überwiegend *cozy mysteries.* In denen fließt Blut spärlicher, fliegen Kugeln sparsamer, werden Messer nur dezent gezückt und findet Sex – wenn überhaupt – meistens im Dunkeln statt.

Um das englische Arkadien noch etwas mysteriöser erscheinen zu lassen, werden die Orte von vielen Autorinnen (es sind meistens *Autorinnen*) mit fiktiven Namen belegt. Vielleicht jedoch liegt auch einer der Gründe für fiktive Namen darin, dass einige der Autorinnen in den Cotswolds leben und keinen Ärger mit den Nachbarn bekommen wollten. Aber bereits der Begriff »Cotswolds«, die Beschreibung der *locations* vermittelt sogleich das Bild dieser speziellen Landschaft, und hier ereignen sich – anders vielleicht als andernorts – *enjoyable murder mysteries*, wie Kritiker meinen. Rebecca Tope (eine der wenigen Ausnahmen) allerdings führt die Leser wie schon im Lake District in reale Orte mit fiktiven Verbrechen. In der Serie *Cotswold Mysteries* kommt Thea Osborne, die nach dem Tod ihres Mannes als *housesitter* arbeitet, während ihrer Tätigkeit durch verschiedene Dörfer dieser Gegend – und die Leser mit ihr. Die Titel der Romane lassen Fürchterliches ahnen: »Death in the Cotswolds« (2008), »Blood in the Cotswolds« (2009) oder »A grave in the Cotswolds« (2011), und damit besteht eigentlich ein Widerspruch zu der angenommenen *coziness* der Romane. Doch gemach: Die Schrecken dieser Texte sind erträglich!

Sicherlich einer der schönsten und vielleicht sogar typischsten Orte ist Lower Slaughter, an dem Flüsschen Eye liegend, das in Gloucestershire die Cotswolds durchfließt. Kleine Steinbrücken – vergleichbar den *clapper bridges* im Dartmoor – ermöglichen den Wechsel der Ufer, und die Straßen sind so schmal, dass Busse draußen bleiben müssen, die zahllosen Touristen aber nicht. Hier lässt Tope ihre Protagonistin, die eigentlich auf Einsamkeit gehofft hatte, einen Haushüter-Job übernehmen, bei dem vor allem Tiere zu beaufsichtigen sind – ein sprachgewandter Papagei und einige Frettchen inklusive. Und wenn dann der Roman »Slaughter in the Cotswolds« (2010) heißt, muss man befürchten, dass es nicht nur um »landwirtschaftliche Nutztiere« geht, die auf einen gewaltsamen Tod warten. Zwar ist der Begriff »Slaughter« im Ortsnamen auf Morast oder Sumpf zurückzuführen, doch »Schlachten« passt in diesem Kontext natürlich besser!

Lower Slaughter

Rechte Seite
Chastleton House (Oxfordshire) nahe Moreton-in-Marsh,
erbaut zwischen 1607 und 1612; auch Drehort für »Father Brown«

Die »Slaughters« (es gibt noch ein »Upper S.«) liegen an der A429, die als eine Art »Cotswolds-High Street« von Moreton-in-Marsh über Stow-in-the-Wold bis nach Cirencester führt und von der viele kleine Straßen in viele kleine Ortschaften abzweigen, was günstig ist für all jene, die nicht nur wandern möchten. Obendrein ist man hier auf sehr alten Pfaden unterwegs, da die Route teilweise dem *Fosse Way* entspricht, den die Römer bald nach ihrer Invasion 43 n. Chr. zu bauen begannen. Zumindest in Stow sollte man eine Pause einlegen, denn der alte Marktplatz mit einer ebenso alten Poststation und etwas jüngeren *Tea Rooms* und Pubs lohnt die Zwischenstation.

Anfangs scheint es für Osborne ein angenehmer Aufenthalt in Lower Slaughter zu werden, der für sie Erholung und Entspannung verspricht. Die Autorin liefert eine Beschreibung des Ortes, die für viele der Cotswolds-Dörfer Gültigkeit haben kann. »Even under grey skies, Lower Slaughter was gorgeous. The ancient stone alongside the little river, the quiet solid atmosphere, as if nothing could really matter after so many centuries of continuity – it all combined to create a picture of perfection.« Doch als Osbornes Schwester eintrifft, sind auch Leichen nicht weit, und wieder muss die Haus-Hüterin zur Mord-Ermittlerin werden – natürlich erfolgreich. Wahrscheinlich hätte Osborne sich besser gefühlt, wenn sie in einem der formidablen Hotels abgestiegen wäre, die in den Cotswolds im Allgemeinen und in den »Slaughters« im Besonderen zu finden sind. In Lower Slaughter wäre das vielleicht *The Slaughters Manor House* gewesen und in Upper Slaughter – noch luxuriöser – das *Lords of the Manor Hotel*; beide liegen in einem Park, das letztere etwas ruhiger. Die Verpflegungsfrage jedoch – für den Kulturmenschen eigentlich das Wichtigste, wie schon Theodor Fontane meinte – wird in beiden Häusern genussvoll gelöst.

Die bisherigen 17 »Cotswolds-Romane« von Tope führen durch mehr als 17 Dörfer und Städtchen, und praktischerweise ist jedem Band eine entsprechend informierende Landkarte beigefügt. Von diesen Orten nimmt fast jeder für sich in Anspruch, der schönste der Gegend zu sein, und zugleich werden sie häufig bewohnt von sehr reichen und sehr prominenten Menschen – nicht selten nur am Wochenende. Dazu gehören neben vielen anderen der frühere Premierminister David Cameron, der Schauspieler

Hugh Grant oder das Model Kate Moss. Da scheint es fast zwangsläufig zu sein, dass in der Kriminalitätsstatistik für die Cotswolds vor allem Raub, Einbruch und Diebstahl genannt werden – Morde gibt es so wenige, dass sie in einer neueren Statistik gar nicht erscheinen. Allerdings ist auch hier das Delikt ASB (i.e. *anti-social behaviour*) führend, das in nicht geringem Umfang vor allem Umweltsünden einschließt. Die Heldin der Romane allerdings muss in richtig luxuriösen Häusern zwar nicht einhüten, aber ihre jeweiligen »Einsatzorte«, die dann teilweise auch »Tatorte« sind, sieht sie durchaus im sozialen Kontext. Insofern können auch *cozy* Krimis eine gewisse Relevanz besitzen, wenn man England (und nicht nur das nostalgisch verklärte) genauer kennenlernen möchte.

In einem anderen Roman hat Tope die *house-sitterin* in die Nähe von Chipping Campden ziehen lassen, wo sie die Wahl hat zwischen langen Spaziergängen oder Shopping-Ausflügen in die kleine Stadt. (»Crisis in the Cotswolds«, 2018). Wie jeder Ort auf der Insel hat natürlich auch Chipping Campden eine *High Street*, und die ist besonders sehenswert und zeugt vom Reichtum vieler Jahrhunderte. Dieser beruhte auf der Schafzucht und der damit verbundenen Wollproduktion, und die *wool merchants* bestimmten lange Zeit die Geschicke und die Kultur der Stadt. Die Markthalle auf der *High Street* – inzwischen im Besitz des *National Trust* – ist nur eines der vielen Zeugnisse wie auch die *St. James' Church*, die zu den sogenannten *wool churches* gehört, von denen die meisten anderen in East Anglia liegen (wie zum Beispiel in Long Melford). Nebenbei: Auch in dem Ort gab es eine interessante »Krimi-Szene« um den Antiquitätenhändler Lovejoy, beschrieben von Jonathan Gash.

Während man in Chipping Campden über die *High Street* bummelt, hat man das Gefühl, durch die Historie zu spazieren, und man kann diese Empfindung intensivieren beim Besuch eines der *Tea Rooms*, von denen es mehrere in der Straße gibt. Da ein typisches Werbeargument englischer Restaurants lautet, ihr Angebot sei *mouth watering*, sollte man es im *Badgers Hall* versuchen. Bereits bei der Lektüre der Speisekarte kann sich der versprochene Effekt einstellen, wie auch die Zeitschrift *Cotswold Life* voraussagt! Man kann natürlich auch ins *Lygon Arms* einige Häuser weiter gehen, die ebenfalls *Afternoon Tea* anbieten. Doch es gibt ein Hotel gleichen Namens, aber erheblich luxuriöser in Broadway auf der *High Street*,

das nach zwischenzeitlicher Renovierung besucht werden kann. Dabei wurde glücklicherweise die Atmosphäre des Hauses, dessen älteste Teile aus dem 14. Jahrhundert stammen, nicht beeinträchtigt. Angeblich haben hier schon König Charles I. und Oliver Cromwell übernachtet – allerdings zu unterschiedlichen Zeiten, sonst wären monarchische Probleme vielleicht eher gelöst worden. Nebenbei: Die Cotswolds und viele ihrer Orte haben im Bürgerkrieg (1642 bis 1651) eine besondere Rolle gespielt. Viele blutige Schlachten mit noch mehr blutenden Opfern wurden hier geschlagen – eine Historie, die man bei der Lektüre jener Krimis bedenken sollte, die Mord und Totschlag in der Idylle geschehen lassen. Auch in der neueren Zeit war Prominenz aus Adel (König Edward VII., Prinz Philip) oder Showbusiness (Richard Burton, Elizabeth Taylor) hier zu Gast. Wer sich selbst verproviantieren möchte, vielleicht für ein Picknick, findet

Chipping Campden – *High Street*

Rechte Seite
Blockley: *Church of St. Peter and St. Paul*, die zur *Church of England* gehört, aber in den Father-Brown-Filmen als katholische Kirche fungiert

GREEN
WASTE
ONLY

gegenüber dem Hotel einen wunderbaren Delikatessenladen, *The Broadway Deli*, der in einem historischen Haus ein exquisites Angebot offeriert, das ebenfalls einen *mouth-watering* Effekt hat. Thea Osborne allerdings verspürt einen gewissen Widerwillen gegenüber dem Ort; ihr erscheint er zu selbstbewusst, zu sauber und aufgeräumt und zu sehr auf den Geschmack von Touristen berechnet (»Crisis in the Cotswolds«, 2018).

Ganz anders Blockley, eine kleine Gemeinde östlich von Broadway, wo Osborne nicht nur auf ein Haus, sondern auch auf eine *granny* aufpassen muss (»A Cotswolds Mystery«, 2007). Die alte Lady scheint gebrechlich zu sein, schafft es aber auch, mitten in der Nacht einem Schaf beim Lammen zu helfen, und gibt so der *sitterin* einige Rätsel auf. Diese werden mehr, als ein Mord geschieht, doch glücklicherweise kommt ihre Tochter, eine Polizeianwärterin, zu Besuch und zur Hilfe und beide lösen den Fall gemeinsam. Blockley liegt etwas seitab von den Touristenpfaden, und das mag vielleicht der Grund sein, warum der Ort auch auf einer anderen »Krimi-Karte« erscheint – nämlich der für TV-Serien.

Einer der berühmtesten literarischen Detektive ist der katholische Geistliche Father Brown, erschaffen von Gilbert Keith Chesterton. Der geistliche Ermittler ist klein von Gestalt, aber groß im Geiste, und dank seiner Fähigkeit, den Menschen »ins Herz zu blicken«, sehr erfolgreich. Ihm ist es wichtiger, eine Seele zu retten, als nur ein Verbrechen aufzuklären beziehungsweise einen Verbrecher der Polizei auszuliefern. Denn man muss bedenken, dass in der Zeit seiner Tätigkeit nur seine Erkenntnisse (realistischerweise abgesehen von denen der Polizei und der Gerichtsbarkeit) zwischen dem Kriminellen und dem Galgen standen. Denn noch war die Todesstrafe für jene kriminellen Akte in Kraft, die nicht ohne Grund »Kapitalverbrechen« genannt wurden, da es immer um den Kopf ging. Chesterton, anglikanisch getauft, konvertierte zum Katholizismus, und seinen kleinen Pfarrer lässt er die kriminalistische Detektion mit theologischen Argumenten fundieren, und zwar erstmals in einer Geschichte 1910. Father Brown agiert meistens in London, was Chesterton in seiner »Verteidigung von Detektivgeschichten« (1917) mit der »Poesie von London« begründet, da eine Stadt streng genommen poetischer sei als das Land. »Denn während die Natur ein Chaos von unbewussten Kräften ist, ist die Stadt ein Chaos von bewussten. [...] Der wesentliche Hauptwert der Detektivgeschichte liegt darin, dass sie die früheste und einzige Form populärer Literatur ist, in der sich etwas Sinn für die Poesie modernen Lebens geltend macht.« Anders also als Conan Doyle glaubt Chesterton, das Verbrechen in der großen Stadt besser und geheimnisvoller darstellen zu können.

Die BBC aber, inspiriert von den Texten Chestertons, machte aus 53 kürzeren Geschichten (erschienen zwischen 1919 und 1936) bisher mehr als 90 Episoden in der TV-Serie »Father Brown«. Sie versetzte den Pfarrer in eine kleine ländliche und überschaubare Gemeinde, die inmitten von weiteren katholischen Gemeinden liegt – in den Cotswolds nur im Film möglich! Und auch nur im Film gelingt es, wie Dorfbewohner berichten, aus der *Church of St. Peter and St. Paul* am Morgen die *St. Mary's Catholic Church* zu »errichten«, indem ein Beichtstuhl in der Ecke aufgeschlagen wird, den man dann am Abend nach Ende der Filmarbeiten wieder abbaut. Schließlich gehört seit Heinrich VIII., der sich von Rom trennte, der überwiegende Teil der britischen Gläubigen zur *Church of England*, und nur etwa 10 % der Einwohner des Königreiches sind katholisch. Doch da Father Brown ein Pfarrer ist, wie man ihn sich nur wünschen kann – verständnisvoll, scharfsinnig und barmherzig –, wurde die TV-Serie nicht nur in England sehr erfolgreich. Dazu tragen sicher auch die Darsteller bei. Vor allem Mark Williams als Seelsorger mit kriminalistischen Ambitionen gewinnt die Sympathien seiner Gemeinde und die der Zuschauer, und das gilt ebenso für seine resolute Haushälterin Mrs. McCarthy, gespielt von Sorcha Cusack. Die Serie führt zunehmend mehr Touristen nach Blockley, selbst wenn die Infrastruktur nicht auf große Besucherströme eingestellt ist.

Bis zur Mitte des 19. Jahrhunderts war der Ort dank seiner Seidenproduktion sehr wohlhabend, doch die Importe dieses Stoffes aus Asien sorgten für einen wirtschaftlichen Abstieg. Beim Gang über die *High Street*, die direkt auf die Kirche zuführt, lässt sich die alte Größe aber durchaus ahnen. Und da es in Blockley ruhiger ist als in vielen anderen Cotswolds-Dörfern, kann man entspannt auf den Spuren des rührigen Pfarrers wandeln. Denn während in den originalen und ziemlich kurzen Geschichten von Chesterton der Geistliche meistens in London aktiv ist, umfasst seine »TV-Gemeinde« nicht nur Blockley, sondern reicht in die Umgebung bis nach Moreton-in-Marsh. Und das gilt auch für die *film locations*! So kann man auf den Spuren des TV-Pfarrers interessante Häuser besuchen wie *Chastleton House* nahe Moreton, das zum *National Trust* gehört und mehr als 400 Jahre im Besitz einer Familie war. Und vielleicht schaut man dann noch in die daneben liegende *St. Mary's Church* aus dem 11. Jahrhundert hinein; beide Bauwerke vermitteln auf unterschiedliche Weise in ihrer einsamen Lage die Besonderheiten englischen Landlebens. Wenn man noch etwas Zeit hat, kann man weiter Richtung Westen fahren zum *Stanway House*, ein *Jacobean manor house* mit einem schönen Garten, in dem eine riesige Fontäne für Aufsehen sorgt. Es diente auch schon als Kulisse in anderen Filmen, ist aber nur im Sommer geöffnet. Und falls man ein »richtiges« Schloss besichtigen möchte, so empfiehlt sich *Sudeley Castle*, das etwa 10 Minuten mit dem Auto vom *Stanway House* entfernt liegt. Eng verbunden mit der englischen Monarchie von Richard III. bis zu den Tudors (Katharine Parr, die letzte Ehefrau von Heinrich VIII., ist in der Schlosskirche beigesetzt), ging das Anwesen Anfang des 19. Jahrhunderts in Privatbesitz über und wurde restauriert. Für begeisterte Wanderer sei noch auf den *Cotswold Way* hingewiesen, der auch an dem Schloss vorbeiführt und von Bath bis Chipping Campden begangen werden kann.

Da die Handlung der TV-Serie in die 50er-Jahre transponiert wurde, die noch die Nachwirkungen des Krieges in Großbritannien zeigen, ist Brown während seiner Ermittlungen meistens auf dem Fahrrad unterwegs, dabei zwischen der ärmlichen Behausung eines Tagelöhners und dem Herrenhaus eines Adeligen keinen Unterschied machend. Als »Standort« in Blockley dient ihm das Pfarrhaus, das ihm die derzeit amtierende anglikanische Pastorin jeweils großzügig »überlässt«. Und ein Besuch im *Crown Inn Hotel* aus dem 15. Jahrhundert in der *High Street*, in dem meistens die Filmcrew nächtigt, führt noch weiter in die Geschichte zurück, über die man bei einem guten *Pint* nachdenken kann.

Vielleicht denkt man dann ebenfalls darüber nach, warum neben Father Brown auch etliche andere Geistliche in einem »Nebenjob« als Detektiv agieren. Da ist vor allem die enge Verbindung von Schuld und

Sühne, wobei die Schuld zu ermitteln ist, um die Sühne zu benennen und Vergebung zu erlangen. Allerdings geht es hier nicht um juristisch Verifizierbares, also nicht vorrangig um Strafe und Begnadigung – die überlässt der Kleriker dem Staat. Für ihn muss sich der Mensch in seiner Fehlbarkeit vor einer höheren Instanz verantworten! Aber auf diesem Wege versucht er, den Sünder zu begleiten und zur Einsicht zu führen.

Bei seiner Arbeit wie bei seinen Ermittlungen kann ein Pfarrer, so er nicht katholisch ist, auf die Hilfe seiner Frau zählen. Aber es gibt sogar ein Paar, bei dem die Ehefrau, wenn auch teilweise durch Zufall, die Aufklärung von Verbrechen befördert. Faith Martin (i.e. Jacquie Walton) lässt die Pfarrersfrau Monica Noble dem DCI Jason Drury mehrfach zur Hilfe kommen – zuerst in dem Roman »The Vicarage Murder« (2019), dessen Titel sicher nicht zufällig an Agatha Christies »The Murder in the Vicarage« erinnert. Das Ehepaar bewohnt das zu Eigentumswohnungen umgebaute Pfarrhaus in dem fiktiven – und wie die Autorin schreibt – »peaceful Cotswold village of Heyford Bassett«, von dem man aber weiß, dass es in Gloucestershire liegen soll, denn die zuständige *police station* befindet sich in Gloucester. Die Landschaft, das Dorfbild, das Pub, die alten Steinbrücken – alle Gegebenheiten stimmen auf die Cotswolds ein. Und hier will Monica als Pfarrfrau, die ihre Pflichten kennt, für die neuen Bewohner ein Gartenfest geben. Leider ereignet sich bei der fröhlichen Feier ein Mord und später noch ein zweiter, doch Pfarrfrau und Polizist sind erfolgreiche Aufklärer. Und auch der in der Gemeinde – vor allem bei den weiblichen Mitgliedern – sehr beliebte, gutaussehende Pfarrer kommt zum Einsatz, als er seiner Frau beistehen muss, der man aus dem Hinterhalt auflauerte. Und das bei einer Konferenz von Theologen (»The Manor House Murder«, 2019)! Es verwundert nicht, dass mehrere Cotswolds-Krimis ähnliche Titel haben, denn bereits diese signalisieren dem potenziellen Leser, welche dörfliche Idylle er unter kriminellen Aspekten zu erwarten hat. Und es verwundert ferner nicht, dass mehrere der Autorinnen selbst in den Cotswolds leben – oder zumindest wie Tope »auf dem Dorfe«, das bei ihr in Herefordshire liegt, den Cotswolds-Grafschaften benachbart.

Auch Faith Martin lebt in Oxfordshire nahe jener Gegenden, in denen die Protagonisten ihrer Bücher aktiv sind.

In dem kleinen Dorf Brimpsfield mitten in den Cotswolds wohnte Betty Rowlands, und in den Nachrufen auf die 2020 im Alter von 96 Jahren gestorbene Autorin wurde ihrer als der »Queen of cozy crime« gedacht. Allerdings bekam diesen Ehrentitel auch M. C. Beaton verliehen, die Schöpferin von Agatha Raisin – doch davon später. Rowlands Romane der »Melissa-Craig-Serie« profitieren sowohl von ihren Erfahrungen in einem Dorf wie von denen als Autorin, denn Melissa Craig, die Amateur-Detektivin, ist Krimischriftstellerin.

Einen Craig-Roman (»Murder at Hawthorn Cottage«, 1990/2018) beginnt Rowlands mit der Erklärung, dass die Dörfer Upper and Lower Benbury fiktiv seien; allerdings erinnert die Namensgebung den Leser an die *Slaughters*, und auch Assoziationen mit dem attraktiven Cotswolds-Ort Bibury sind vielleicht nicht zufällig. Obendrein verweist die Autorin später in einem Interview darauf, dass jenes Dorf in Gloucestershire, in dem Melissa Craig wohnt, arbeitet und ermittelt ähnlich jenem ist, in dem sie selbst viele Jahre lebte. Aber sie wollte sicher vermeiden, dass ihre Nachbarn versuchen würden, sich in ihren Büchern wiederzufinden – eine Beeinträchtigung ihrer persönlichen dörflichen Idylle wäre dann nicht ausgeschlossen gewesen. Die Protagonistin des Romans wird denn auch von anderen Dorfbewohnern mit unverhohlener Neugier gefragt, ob sie die kriminellen Geschehnisse im Ort in ihr nächstes Buch »hineinschreiben« würde. Die Frau des Pfarrers aber droht Empörung an, wenn sich in der Geschichte Anstößiges fände, also Sex. Ähnlich – wenn auch mit anderer Intention – äußert sich Betty Rowlands in einem Interview, wenn sie sagt, die besten Bücher hätten nur »a little bit of sex and not too much violence«. Aber da Morde geschehen im Dorf und in der Umgebung, gibt es natürlich auch Gewalt, und es entbehrt nicht einer gewissen Ironie, dass alle 12 Romane der Melissa-Craig-Serie das Wort »Murder« im Titel tragen. Im Übrigen ließe sich für nicht wenige Romane feststellen: Je *cozier* ein Krimi, desto »tödlicher« der Titel!

Auch wenn die Titel von Rowlands' Büchern viel Mord und kaum Totschlag versprechen, und diese Untaten sich an einem fiktiven Ort ereignen, so ist die gesamte Umgebung, genauer die Landschaft, nicht fiktiv, und sie wird erheblich intensiver beschrieben als es in manchen anderen Krimis geschieht. Die Protagonistin der Romane hat das getan, was viele Londoner liebend gerne tun würden: Sie hat sich ein Cottage in den Cotswolds gekauft. Sie genießt ihren wunderschönen Garten und sogar die Gartenarbeit, bei der die Nachbarin hilft und weiß als wichtigstes Kleidungsstück die Gummistiefel zu schätzen. Auf ihrem täglichen Spaziergang nimmt sie die Veränderungen wahr, die den Frühling ankündigen, und Rowlands beschreibt die Eindrücke von Melissa so anschaulich, dass man – sofern man das Landleben mag – gleich einen Makler mit der Suche nach einem passenden Häuschen beauftragen möchte. »On the bank behind the cottages, clumps of primroses glowed like pale miniature suns and the winds that came roistering along the valley carried with them the high pitched, staccato protests of new-born lambs.« (»Murder in the Morning«, 1991/2019). Vor allem der eigene Garten ist für die Bewohner der *countryside* besonders attraktiv, denn anders als in der Großstadt, wo vielleicht einige Pflanzen vor der Haustür verdorren oder ein schmales »Handtuch« hinter dem Haus Natürliches zu visualisieren scheint, ist ein ländlicher Garten meistens richtig opulent. Allerdings kann in den Cotswolds ein solcher Garten auch gefährlich sein, wenn Bienen gezüchtet werden, die nicht nur Honig saugen, sondern über Menschen herfallen, wie Rowlands schreibt (»Murder in a Country Garden«, 2004/2019). Glücklicherweise kommen derartig konditionierte »Killerbienen« selten in der Realität vor, und ein ängstlicher Gärtner kann ja auf Bienenstöcke verzichten. Stattdessen sollte er, und das ist Mühe genug, seine Anlage so gestalten, dass sich sanfte Bienen und bunte Schmetterlinge dort gerne aufhalten – und Menschen natürlich sowieso.

Allerdings dürfte es schwierig sein, einen *country garden* nur von *einem* Gärtner bearbeiten zu lassen, denn ein solcher Garten ist ziemlich groß und meistens sehr viel größer als der nicht nur in England geschätzte *cottage garden*. Letzterer lässt sich bis ins Mittelalter zurückverfolgen, als Bauern beziehungsweise Landarbeiter um ihre Häuser

Nächste Doppelseite
Das klassische *Cottage* auf dem Wunschzettel eines landliebenden Engländers

REDAWAYS COTTAGE

einen Garten anlegten, der sie mit Gemüse, Obst, Kräutern und anderen lebensnotwendigen Dingen versorgte (Schweinehaltung nicht ausgeschlossen); Blumen waren damals nur eine dekorative Zutat.

In der viktorianischen Zeit entwickelte sich dann die romantisierende Version, die später unter anderen von der Gartenarchitektin Gertrude Jekyll weiterentwickelt wurde. Ein »Rezept« für die Anlage eines *cottage garden* besagt, die Fläche, wie klein sie auch immer sein mag, so reichhaltig zu bepflanzen, dass kaum ein Schritt vom – vielleicht mit alten Ziegeln gepflasterten – Weg noch möglich ist. Der Eindruck von hortikultürlicher Anarchie manifestiert sich im Neben- und Durcheinander von Fingerhut, Lupinen, Rosen und Mohn in den Staudenrabatten, wobei altes Mauerwerk begrenzt Ordnung zu schaffen scheint. Der *country garden* dagegen ist sehr viel großzügiger gestaltet (im Roman von Rowlands sind die Besitzer wohlhabend), und Rasenflächen, kleinere Teiche, Hecken und üppige Blumenrabatten wie auch Statuen brauchen Platz.

Wer keine Gartenbesitzer in den Cotswolds kennt, deren Anwesen er besuchen könnte, hat stattdessen gerade in dieser Gegend zahlreiche andere Möglichkeiten, seine Neugier zu befriedigen – von einfach bis royal. Da es eine große Anzahl an Gärten gibt, seien hier nur einige ausgewählt, die jeweils bestimmte Typen verkörpern. Im Norden kann man *Hidcote Manor Garden* besuchen, der 1907 angelegt wurde und inzwischen zum *National Trust* gehört. Ähnlich wie in Sissinghurst sind hier einzelne »Gartenräume« geschaffen, deren jeweilige »Abgeschlossenheit« eine Art »Gartenwohnung« suggeriert. Etwas weiter südlich an der A44 nahe Moreton-in-Marsh liegt *Bourton House Garden*, der ein Herrenhaus aus dem 18. Jahrhundert umgibt. Sehr farbenfrohe Staudenrabatten und ein auf die Tradition des Hauses anspielender *knot garden* mit niedriger Buchsbaumbepflanzung bieten Anregung, auch wenn der »Knotengarten« wohl kaum auf städtische Grundstücke passen dürfte. Wer Bäume mehr schätzt als Blumen, sollte vielleicht weiter im Süden »Westonbirt, The National Arboretum« nahe Tetbury besuchen; vor allem bei herbstlicher Laubfärbung gibt es einen Hauch von *Indian summer*. Nahe Tetbury liegt ein königliches Anwesen: *The Royal Gardens at Highgrove* (mit dem dazugehörigen Herrenhaus) sind die Privatresidenz von Charles, Prince of Wales. Zugleich ist die Anlage ein Wohltätigkeitsunternehmen, da die Gewinne aus Besichtigungen, Restaurant und Shop dem »Prince of Wales's Charitable Fund« zugeführt werden. Auch dieser Garten ist in verschiedene Räume unterteilt, und man kann dort sowohl einen *cottage garden* wie auch in kleiner Ausführung einen *country garden* besichtigen. Und wer Royales heimtragen möchte, erhält im Highgrove Shop zahlreiche Angebote – von prinzlichen Keksen und Picknickkörben bis hin zu Kleidung im *Prince of Wales Check*, popularisiert durch Edward VIII. in seiner Zeit als Kronprinz. Braucht man nach der Tour durch den Garten noch eine Stärkung, kann man im *Orchard Tea Room* einen *Champagne Afternoon Tea* zu sich nehmen und vielleicht auf den Prinzen anstoßen, der sich so intensiv für Umwelt und Wohltätigkeit einsetzt.

In den Cotswolds wird sogar im Garten gemordet, während andernorts vom Garten aus ermittlungstechnische Beobachtungen gemacht werden. Und deshalb soll an dieser Stelle ein knapper Exkurs, eigentlich sogar eine Exkursion unternommen werden, die für kurze Zeit aus dem Herzen Englands wegführen. Denn wenn man über ländliche Idylle schreibt, darf man Miss Marple, die detektivische Gärtnerin von Agatha Christie, nicht unberücksichtigt lassen. Sie lebt mitten in dem Dorf St. Mary Mead und hat hinter ihrem Haus einen großen Garten, der es ihr ermöglicht, immer die Nachbarn und deren Aktivitäten im Blick zu behalten, und sei es unter Vortäuschung von *bird watching*. Dadurch kann sie dann sehr souverän zum Beispiel den »Mord im Pfarrhaus« aufklären. Leider muss sie für die anstrengenderen Arbeiten eine Hilfe einstellen, die kaum ihren Anweisungen folgt und nur auf das Nützliche, nicht auf das Schöne sieht, das heißt Küchengarten statt Blumengarten. Dabei wäre es Jane Marple sehr wichtig, die für einen Cottage-Garten typischen Blumen – Rosen, Mohn und Löwenmäulchen – blühen zu sehen und damit auch immer einen Strauß für ihr kleines Wohnzimmer zu haben.

Ihr geliebtes Dorf, das ihr den Einblick gibt in Menschlich-Allzumenschliches und somit auch in Verbrecherseelen, ist nur ungenau zu lokalisieren; angeblich liegt es etwa 25 Meilen südöstlich von London, also irgendwo in Sussex. Da aber Bahnfahrten zu ihr von *Paddington Station* in London ausgehen, und diese in den Südwesten führen, könnte St. Mary Mead vielleicht doch irgendwo in Devon liegen, dem *country of the mind* von Agatha Christie. Die »Miss-Marple-Romane« wurden mehrfach für das Fernsehen verfilmt, und so sind es eher die *TV-locations*, die mit St. Mary Mead assoziiert werden. Während Margaret Rutherford, die als Erste Jane Marple verkörperte, sehr robust durch den kleinen Ort Denham (das fiktive »Milchester«) nahe London stapfte und eine unverkennbare Musik diese Schritte begleitete, wurde die nächste Darstellerin in den Süden umgesiedelt. Das St. Mary Mead von Joan Hickson heißt Nether Wallop und liegt in Hampshire nahe Winchester – eine Gegend, in der Fans von Jane Austen oder »Downtown Abbey« es nicht sehr weit haben nach Chawton oder Highclere Castle. Das Dorf mit seinen reetgedeckten Häusern sieht genauso aus, wie man sich Miss Marples Wohnort vorstellt: ein Pub, die alte Kirche auf einem Hügel und ein gemütliches Cottage, in dem der selbstgebackene Kuchen und der Holunderbeerwein darauf warten, einen Inspektor zu stärken, dessen Erkenntnisse meistens nicht mit denen der älteren Lady mithalten können.

Doch jetzt wieder zurück in die Cotswolds, wo eine weitere »Queen of cozy crime« unter dem Pseudonym M. C. Beaton (i.e. Marion Chesney Gibbons) die Detektivin Agatha Raisin in mehr als 30 Romanen agieren lässt. Chesney, eine Schottin aus Glasgow, deren Initialen die »Vornamen« für Beaton abgaben, arbeitete als Buchhändlerin und Journalistin, zuständig für Mode und Verbrechen. Ihre Arbeit als Polizeireporterin ließ sie später Abstand nehmen von zu brutalen Krimis, denn die Erfahrungen mit »murders, razor gangs and middle-aged prostitutes« in Glasgow hätten ihr gereicht. Bevor sie die erfolgreiche Autorin von Kriminalromanen wurde, schrieb sie unter verschiedenen *pen names* zahlreiche, wenn auch weniger erfolgreiche »Romanzen«. Erst die Hinwendung zu kriminalistischen Protagonisten sicherte ihr hohe Auflagen. Mit ihrer Familie zog sie nach Blockley, weil sie annahm, ihr Sohn würde in Oxford studieren, doch er ging nach Cambridge. Sie aber blieb den Cotswolds verbunden und ließ ihre Heldin Agatha Raisin genau dort ermitteln, denn – so Beaton in einem Interview – ihre Romane spielen an Orten, die sie kennt und mit denen sie sich identifiziert. Und das war für so viele Leser attraktiv, dass ihr Verlag sie mit dem Titel »queen of the village mystery« bewarb.

Trotz dörflicher Umgebung sind Beatons Romane nur im Hinblick auf die *locations* idyllisch; ihre Heldin ist weniger friedvoll, und auch die Ereignisse sind es nur in Maßen. Raisin wird von ihrer Schöpferin charakterisiert als jemand, den man nicht sonderlich mag, dem man aber dennoch wünscht, dass er Erfolg hat. Die Autorin selbst neigt zu einem bissigen Humor, der durchaus sarkastische Züge zeigt, und obendrein ist dabei der Verzicht auf »politische Korrektheit« inkludiert. Das wird deutlich, als sie sich in einem Interview mit deftigen Worten dagegen verwahrt, dass ihre Bücher als *cozy* klassifiziert werden. »It is patronising and implies that my books which are easy to read must be easy to write. To keep writing in clear well balanced sentences takes a lot of hard work and if anyone doesn't want a Glasgow kiss, swallow that opinion and put it where the sun don't shine.« Etwas von dieser Ruppigkeit hat sie auch ihrer Protagonistin mitgegeben, was es Agatha Raisin nicht unbedingt leicht macht, ihre neuen Nachbarn im Dorf als Freunde zu gewinnen. Denn nach dem gewinnbringenden Verkauf ihrer Londoner PR-Agentur hat sie sich einen seit Kindertagen gehegten Wunsch erfüllt

Church of St. Andrew in Nether Wallop

KINGS ARMS
HOTEL
POSTING - HOUSE.
THE KINGS ARMS HOTEL

und ein Cottage in den Cotswolds gekauft. Es befindet sich in dem Dorf Carsely, das nach der Beschreibung der Autorin etwa zwischen Moreton-in-Marsh und Evesham liegen könnte – vielleicht sogar nahe Blockley.

Die anfänglichen Versuche von Raisin, sich bei den Dorfbewohnern beliebt zu machen, enden ziemlich katastrophal. Bei einem »Quiche-Wettbewerb« möchte sie imponieren und da nur fähig, Tiefgekühltes in der Mikrowelle zuzubereiten, kauft sie in London eine *Quiche* und peppt sie etwas auf. Leider stirbt der Preisrichter am letzten Stück, und Raisin hat endlich eine Aufgabe: Der Mord muss aufgeklärt werden (»Agatha Raisin und der tote Richter«, 1992). In den vielen Bänden der Serie, von denen noch nicht alle übersetzt sind, lernt der Leser nicht nur den fiktiven Ort Carsely und seine freundlichen, aber auch merkwürdigen Bewohner kennen, sondern er kommt auch in einige der realen Orte in den Cotswolds und ebenfalls in einige reale Restaurants. Angefangen vom *Randolph Hotel* in Oxford, wo Raisin zum Tee einkehrt, bis zur *Greedy Goose* (bei Beaton *Marsh Goose*) nahe Moreton. Und Gasthäuser namens *Red Lion* wie in Carsely gibt es mehrere in den Cotswolds – zum Beispiel auf der *Lower High Street* in Chipping Campden. Gerade weil Agatha erst das Kochen lernen muss, geht sie gern auf den Markt in Moreton-in-the-Marsh auf der *High Street,* um einzukaufen und sich kulinarisch anregen zu lassen; er ist der größte Straßenmarkt in den Cotswolds und zieht am Dienstag nicht nur Einheimische an. Nach erfolgreichen Besorgungen ist ein Lunch im *White Hart Royal Hotel* – ebenfalls auf der *High Street* – genau richtig, und sie genießt dort einen leckeren Lammeintopf, auch wenn der Rockbund danach wieder etwas enger wird (»Agatha Raisin und die Tote im Feld«, 1995).

Nach Stow-on-the-Wold fährt sie ebenfalls zum Shoppen und um sich bei einem Physiotherapeuten behandeln zu lassen. Dieser hat seine Praxis über dem *Honeypot* in der *Church Street,* ein Süßwarenladen von 1919 mit leckerem Angebot, den seine Frau leitet, und beide gibt es wirklich, auch wenn der »Honigtopf« inzwischen den Betrieb eingestellt hat (»Agatha Raisin und der tote Göttergatte«, 2005). In Stow parkt Agatha auf dem Marktplatz, wo man in Ferienzeiten nur schwer eine Lücke findet. Doch falls man im *Kings Arms,* eine frühere, fast 500 Jahre alte Poststation, einen

Stow-on-the-Wold: *The Kings Arms* (Hotel und Pub) am *Market Square*

Lunch nehmen möchte, kann man auf der Rückseite parken. Da Stow am Schnittpunkt mehrerer Straßen liegt, war es früher ein Zentrum des Warenverkehrs, und der *Market Square* hatte fast in jedem Haus eine Wirtschaft, ein Pub oder eine Übernachtungsmöglichkeit. Heute gibt es noch einige, aber vor allem sind es *Tea Rooms*, die von Touristen besonders geschätzt werden wie zum Beispiel *Lucy's Tearoom* am Markt.

Ein anderer interessanter Ort mit bedeutender historischer Vergangenheit, zu dem Agatha Raisin eine engere Beziehung entwickelt, ist Evesham am Avon. Auf Empfehlung ihrer Freundin, der Frau des Pfarrers, geht sie dort zu einem sehr attraktiven Friseur und glaubt sich – wieder einmal – verliebt und zugleich – wieder einmal – auf der Spur eines Verbrechens (»Agatha Raisin und der tote Friseur«, 1999). Bei einem Date gibt ihr der Figaro Nachhilfe in der Historie der Stadt bis hin zum Battle of Evesham 1265, in dem die Reformer unter Simon de Monfort gegen die Armee von Heinrich III. verloren, was nur bedingt ihre Beachtung findet. Auch ein anderer Freund ist historisch interessiert und geht mit Agatha durch das Städtchen, dabei die *Abbey* und die *Almonry* besuchend. Für sie aber wird der Ort erst bemerkenswert nach der Ermordung des Friseurs, denn jetzt kann sie endlich wieder ermitteln – und das wie immer mit Erfolg.

In vielen Reiseführern durch die Cotswolds wird Stratford upon Avon nicht ausgelassen, teilweise sogar als Höhepunkt einer Fahrt durch das »Herz von England« gepriesen. Doch Stratford selbst nennt sich meistens nur das »Tor zu den Cotswolds«, was der geographischen Realität näherkommt. Zugleich aber betrachtet es sich zuweilen als das »kulturelle Herz« von England, denn immerhin ist hier Shakespeare geboren, und der gilt nun mal als der wichtigste Dichter der Insel – auch wenn man nicht weiß, ob er es überhaupt war, der die dramatischen Schauspiele und die poetischen Sonette geschrieben hat. Aber da man durch ein Tor von beiden Seiten gehen kann, unternehmen wir noch einen kurzen Ausflug nach Stratford, wie es auch manche Bewohner von Carsely tun, wenn sie wieder ins Theater möchten. Und am Avon führt Martha Grimes, die amerikanische Autorin mit ihrem Protagonisten Inspector

Evesham: *Abbot Reginald's Gateway* – früher der Zugang zur *Abbey*

The Gateway
TEAROOMS
Tel. 442249
WAY
Laporta
Antiques

Jury von Scotland Yard, durch die Stadt und in verschiedene Gaststätten. Der deutsche Titel des Romans »Inspektor Jury küsst die Muse« (1984) trifft nicht die Spezialität der Autorin, die ihre Bücher nach Pubs benennt. Im Original heißt der Roman »The Dirty Duck«, und das ist eine sehr berühmte und stark frequentierte Kneipe in Stratford.

Hier trifft sich Jury mit seinem Freund und *sidekick* Melrose Plant und wird gegen seinen Willen in die Ermittlungen um das Verschwinden eines Jungen hineingezogen. Dieser gehört zu einer amerikanischen Reisegesellschaft mit sehr reichen Teilnehmern, von denen einige sukzessive brutal ermordet werden. In Stratford trifft man sich entweder im *Royal Shakespeare Theatre* oder im *Dirty Duck* (nahe beieinander an der Straße *Waterside* gelegen), meistens aber in beiden Häusern, denn nach der Vorstellung bietet die Kneipe Zuschauern wie Schauspielern die Gelegenheit zum »Absacker«. Dort lässt sich eine der Reisenden zu vielen Gins und anschließend zu einem Gang durch die Dunkelheit verführen – in einer öffentlichen Toilette endet ihr Leben. Der Weg führt durch den nächtens sehr finsteren Park Richtung Kirche, und selbst das Toilettenhäuschen gibt es – natürlich ohne Tatorthinweise. In der *Holy Trinity Church*, deren Touristenattraktion das Grab Shakespeares ist, trifft Plant ein weiteres Mitglied der Reisegesellschaft, einen seltsamen, von Shakespeare und Marlowe (und weiteren Personen) besessenen Literaturwissenschaftler. Und natürlich lernt man auch noch verschiedene Restaurants kennen, allerdings haben manche Namen und Angebot gewechselt. Geht man im Roman noch in den *Cobweb Tea Room* in der *Sheep Street*, so ist es jetzt ein gutes Bistro namens *Lamb*, aber immer noch eines der ältesten, gut erhaltenen Häuser aus der Tudorzeit und kein *mock tudor* für Touristen, wie es Plant beklagt. Der Mörder allerdings wird dann in London gestellt. Vorher aber darf man noch sowohl durch Soho schlendern als auch *Brown's Hotel* in Mayfair kennenlernen – das Lieblingshotel von Agatha Christie, in dem sie sogar Miss Marple unterbrachte, auch wenn es bei ihr *Bertram's Hotel* hieß.

Nun aber wieder zurück aufs Land, und jetzt etwas weiter östlich von den Cotswolds in eine sehr gefährliche Gegend, die aber in ihrer Idylle noch dem Herzen Englands zuzurechnen ist. *Midsomer County* ist besser bekannt als die Wirkungsstätte von Inspector Barnaby, und dass dieser vornehmlich in Buckinghamshire und Oxfordshire ermittelt, ist der Tatsache geschuldet, dass die TV-Serie dort gedreht wurde. Die Autorin Caroline Graham hatte die Handlung ihrer sieben Bände (mehr plante sie nicht) in fiktive Dörfer mit seltsamen Namen verlegt, aber aus sieben Romanen machte ITV (bisher) 122 Folgen. Und in diesen geschehen etwa 300 Morde, weshalb die englische Serienbezeichnung »Midsomer Murders« den Kern trifft. Der erste Roman von Graham »Die Rätsel von Badger's Drift« (1987), dessen englischer Titel »Killings at Badger's Drift« besser zum mörderischen *Midsomer* passt, wurde bald nach seinem Erscheinen von der *Crime Writers' Association* unter die »Top 100 Crime Novels of All Time« gewählt. In Nuneaton aufgewachsen (wie George Eliot) wollte Graham schon von Jugend an schreiben, doch ihr erstes Buch veröffentlichte sie mit 56 Jahren. Und auch wenn die Romane alle in den fiktiven *villages* eines fiktiven *County* spielen, so sieht sie (wie auch Miss Marple oder Sherlock Holmes) in einem Dorf, wenn man genauer hinschaut, Korruption, Verbrechen, Dunkles. Denn – so sagt sie in einem Interview – die dörfliche Idylle ist häufig nur scheinbar und färbt nicht unbedingt auf die Bewohner ab. In Badger's Drift wird eine ältere Dame von ihrer Freundin tot aufgefunden – anscheinend Herzschlag, doch es ist Mord. Es gibt ein exzentrisches Erpresserpärchen, das auch nicht lange lebt, und noch andere unappetitliche, kriminelle Aktivitäten, bis die Akten geschlossen werden können. Auch in Badger's Drift sind es die älteren Damen, deren »grüner Daumen« sie zu Gartenexpertinnen mit wunderschönen Anlagen macht, die auch Barnaby nicht versäumt, sachkundig zu bewundern. Und derartige Gärten gibt es auch im Roman »Treu bis in den Tod« (1997), in dem eifrige Dorfbewohner für das idyllische *village feeling* sorgen. Dazu gehören auch viele Möglichkeiten, sich zu treffen und gemeinsam das Dorfleben zu bereichern – vom *bell ringing* bis zur Vorbereitung eines Gemeindefestes. Alle diese Aktivitäten scheinen der armen Ehefrau eines neu Hinzugezogenen nicht zu genügen, doch ihre Entführung dürfte für hinreichende Abwechslung sorgen. Und Barnaby hat einen neuen Fall. In Grahams Romanen sind die Polizisten nicht immer edle Ritter! Die Hauptperson, DCI Barnaby, ist recht vernünftig, wohingegen sein Sergeant Troy fremdenfeindlich, homophob und misogyn auftritt.

Doch alles ändert sich, als die Romane fürs Fernsehen adaptiert werden. Tom Barnaby wird bis Folge 81 von John Nettles gespielt, der auch am *Royal Shakespeare Theatre* in Stratford aktiv war und jetzt historische Sachbücher schreibt. Danach übernahm Neil Dudgeon seine Rolle. Und als Sergeant Troy agierte Daniel Casey, der sehr viel liebenswerter auftritt als die Romanfigur. Die ersten Folgen der TV-Verfilmungen basierten noch auf Grahams Büchern und übernahmen auch das Personal und die fiktiven Ortsbezeichnungen. Doch die Detektive wurden sympathischer und die Orte – trotz ihrer seltsamen Namen – für die Zuschauer real. Das machte unter anderem den Erfolg der TV-Serie aus, die inzwischen angeblich in weit mehr als 100 Länder verkauft wurde, und zugleich schuf sie für die Grafschaften um Oxford eine große Touristenattraktion. Für nicht wenige Briten und sehr viele Ausländer ist *Midsomer* der Inbegriff englischen Lebens, das in speziellen Bus- und sogar Wandertouren den Reisenden angeboten wird.

Auch wenn die Polizisten Autos, Computer und Handys nutzen, DNA-Analysen selbstverständlich sind und der Gerichtsmediziner sich in den neuesten Methoden auskennt – der Historiker Nettles nennt die Szenerie ein Kostümdrama in zeitgenössischer Kleidung. Aber gerade die scheinbar so altmodischen Dörfer mit ihren reetgedeckten, rosenberankten Cottages, den neugierig-aufmerksamen Nachbarn, dem weiten *village green* und den fröhlich-gefährlichen Dorffesten ermöglichen einen Eskapismus, der die Attraktivität dieser Serie ausmacht. Die Orte nämlich, in denen die einzelnen Episoden spielen, haben zwar nicht die honigfarbenen Häuser der Cotswolds, aber ihre Bauten werden häufig unter dem Begriff *chocolate box cottages* rubriziert. Diese Bezeichnung stammt aus dem 19. Jahrhundert, als die Schokolade produzierende Quäkerfamilie Cadbury für ihre Arbeiter einen angemessenen und gesunden Wohnraum schaffen wollte. Nahe Birmingham entwickelten sie ein großes Areal zu einem Fabrikgelände und einem Wohngebiet – der Ort Bournville war geschaffen. Und seine niedlichen, strohgedeckten Häuschen erschienen dann auf Schokoladenpackungen von Cadbury, woraus sich der Begriff erklärt.

Da insgesamt etwa 60 fiktive Orte in den Barnaby-Filmen vorkommen und der Tod von fast 300 Mordopfern aufzuklären ist, müsste *Midsomer County* eigentlich riesengroß und nahezu entvölkert sein. Doch die *location scouts* haben ganze Arbeit geleistet, und so ist es nur eine begrenzte, aber immer noch große Anzahl an Dörfern und Städtchen, die in unterschiedlicher Gestalt wiederholt erscheinen. Von denen sollen hier nur einige vorgestellt werden und zwar solche, die besonders häufig und besonders malerisch in den Filmen gezeigt werden. Inzwischen nämlich ist die TV-Serie an dem England-Bild beteiligt, das nicht wenige Nostalgiker als das »wahre«, das *merry old England* betrachten. Auch einer der Produzenten wollte genau dieses Bild vermitteln, weil er meinte, die Serie wäre »the last bastion of Englishness« und würde deshalb keine ethnische Diversität vertragen. Das trug ihm den Vorwurf des Rassismus ein, und er trat von seinen Aufgaben zurück.

Der fiktive Standort Causton von DCI Barnaby und seinem Team ist Wallingford in Oxfordshire, dessen Marktplatz mit der *Corn Exchange,* die als Theater fungiert, und mit anderen Gebäuden in vielen Episoden erscheinen. Im Theater tritt zuweilen eine Schauspieltruppe auf, deren Präsidentin für mehrere Jahre Agatha Christie war. Sie lebte bis zu ihrem Tod im *Winterbrook House* an der Themse südlich von Wallingford; ihr Grab liegt auf dem Friedhof im benachbarten Dorf Cholsey an der *St. Mary's Church.* Im Umkreis von Wallingford befinden sich mehrere *Midsomer locations*, die man in kurzer Zeit erreicht. So ist man schnell in Ewelme, das man vor allem in den Eingangssequenzen einiger Barnaby-Filme von einem Hügel aus sehen kann. Dort wurde an der Kirche *Saint Mary the Virgin* im 15. Jahrhundert ein großer Komplex Armenhäuser gebaut, die auch heute noch bewohnt sind und der Wohltätigkeit dienen. Auf dem Friedhof daneben ist Jerome K. Jerome beerdigt, der Verfasser von »Drei Mann in einem Boot«. Etwas weiter nördlich liegt Warborough, an dessen *Green* ebenfalls schon gemordet wurde, wovon man sich aber in dem Pub *The Six Bells* erholen kann. Sonntags allerdings oder wenn auf dem nahen Spielfeld ein Cricketmatch ausgetragen wird, kann es voll werden. Dann sollte man in das nahegelegene Dorchester-on-Thames ausweichen, wo auf

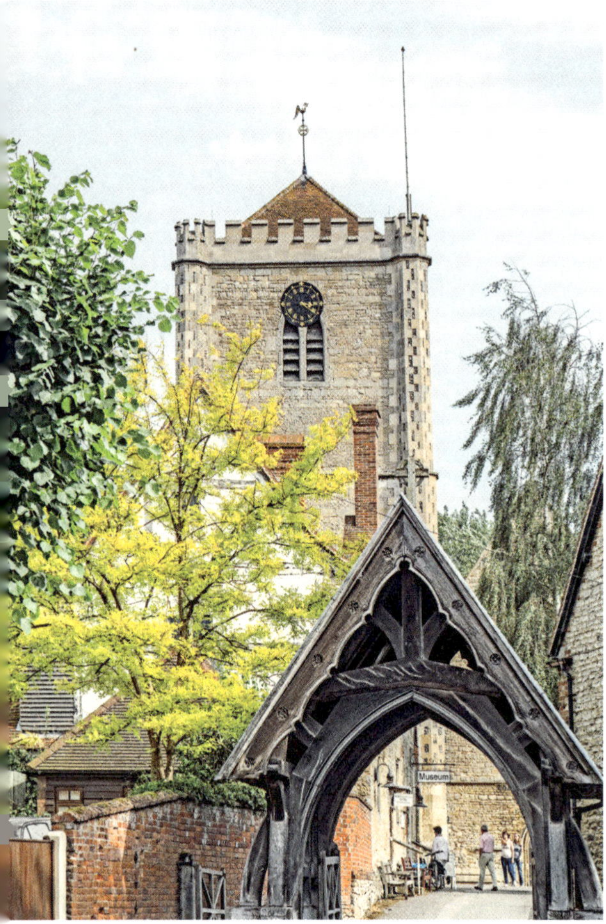

der *High Street* gegenüber der Abbey *The George Hotel* liegt, das einen guten *Sunday Roast* bietet – und auch schon einen Mörder beherbergte.

Falls man noch mehr von Orten an der Themse sehen möchte, fährt man vielleicht südwestlich nach Henley, wo nicht nur gerudert, sondern auch gemordet wird. Allerdings ist der Ort berühmter für seine Rennveranstaltungen, vor allem für die *Henley Royal Regatta*, die immer im Juli stattfindet. Am Ufer stehen mehrere Bootshäuser, die den Ruderclubs gehören, und wer sich auch einmal an Skulls versuchen möchte, kann sich ein Boot leihen und stilecht im *Henley shirt* die Ruder eintauchen. Während Henley, das zu den Orten mit den höchsten Immobilienpreisen im Königreich zählt und viele prominente Mitbürger hat, immer ziemlich überlaufen ist, kann man in einer anderen Gegend noch die Idylle finden, die man sich wünscht. In Buckinghamshire, in den *Chiltern Hills*, liegt der kleine Ort mit Größe im Namen: Great Missenden; aber es gibt noch den kleineren Little Missenden. Im größeren, der auch für viele Jahre der Wohnort von Roald Dahl war (und jetzt sein Museum beherbergt), gab es keinen Mord, nur einen Banküberfall. Im kleineren lebt es sich gefährlicher, da tödlicher. Zum Schluss sei der Besuch eines Dorfes empfohlen, auf dessen *Green* häufig gefilmt und leider auch gemordet wurde, das aber genau jene Idylle repräsentiert, die man mit den *chocolate box villages* verbindet – The Lee. Der kleine Ort ist etwa 10 Minuten von Great Missenden entfernt und sehr abgelegen, was

Dorchester-on-Thames:
Eingang mit *Lychgate* zur *Abbey Church of St. Peter and St. Paul* an der *High Street*

für ungestörte Filmaufnahmen bestimmt sehr hilfreich ist. Umgeben von kleinen Cottages, deren rot- und orangefarbene Ziegel einen gemütlichen Kontrast zum Grün der Umgebung bilden, setzt man sich auf eine Bank und schaut sicherheitshalber umher, ob nicht unter den Büschen eine Leiche liegt wie in der Episode »Der Tod malt mit«. Und wenn man dann eine Stärkung braucht, geht man quer über den Dorfanger zum Pub *The Cock & Rabbit*, und könnte dann, so er da wäre, auf seine detektivischen Erfolge mit DCI Barnaby anstoßen. Allerdings steht zu befürchten, dass die wunderbare Ruhe in absehbarer Zeit vorbei sein dürfte, wenn erst die Strecke für den Hochgeschwindigkeitszug (HS2) von London nach Birmingham gebaut ist, und stündlich viele Züge durch die *Chiltern Hills* donnern. Aber noch ist es idyllisch hier, und ein weiterer »Dorfkrimi« kann gefilmt werden.

Cholsey: *Saint Mary's Church* mit dem Kirchhof, auf dem Agatha Christie begraben liegt

Schluss

Nach der Lektüre von mehreren hundert Kriminalromanen, die natürlich in diesem Buch nicht alle Berücksichtigung fanden, ist man vielleicht dem Schauder näher als der Vorfreude auf eine Englandreise, denn so viel Blut und Brutalität wollen erst einmal verarbeitet werden. Wie könnte das geschehen, ohne wieder den schon erwähnten (doppelten) Whisky zu bemühen? Man könnte zum Beispiel zu einer speziellen Kategorie von Krimis greifen, die Harmlosigkeit im Titel zu tragen scheinen und deren *location* klassisch englisch ist – das meint die sogenannten »Christmas Mysteries«. Seltsamerweise gibt es davon etliche, und seltsam wirkt es deswegen, weil doch eigentlich das Fest des Friedens ungestört von tödlichen Verbrechen gefeiert werden müsste. Diese »Weihnachtskrimis« sind allerdings insofern typisch englisch, weil die meisten dieselbe »Rezeptur« aufweisen, die in anderen Ländern selten verwandt wird: Ein einsam gelegenes *Manor House*, durch starken Schneefall von der Außenwelt abgeschnitten, mindestens ein Mordopfer und ein geschlossener Kreis von Verdächtigen, meistens Familienangehörige. Weshalb Tante Mildred in MAVIS DORIEL HAYS »The Santa Klaus Murder« (1936) zu Recht feststellt: »Nothing good can come from family gatherings!« Und geradezu klassisch ist der Roman von CYRIL HARE »Mord made in England«, dessen englischer Titel »An English Murder« (1951) das Spezifische des Genres benennt. Es könnten noch zahlreiche weitere Romane aufgeführt werden, die alle diese Kennzeichen aufweisen, aber zugleich deutlich machen: Auch zu Weihnachten wird so brutal gemordet wie im übrigen Jahr. Dann aber müsste wohl ein neues Buch begonnen werden!

Wenn man jedoch den Bücherstapel zur Seite schiebt, wird einem wieder klar, dass Mord und Totschlag auf der Insel – jedenfalls der zwischen den Buchdeckeln – nur fiktiv waren und eine interessante, idyllische, erholsame Insel auf den Reisenden wartet. Zumindest ist das zu hoffen, denn dazu möchte das vorliegende Buch anregen! Und um diese Hoffnung zu ver-

stärken, liest man noch einmal das letzte Kapitel und lässt sich von Agatha Christie und Miss Marple in jenes England führen, in dem die Häuser strohgedeckt sind, der Nachmittagstee mit köstlichen *scones* und *clotted cream* serviert wird (die Erdbeermarmelade nicht zu vergessen) und ein blühender Cottage-Garten die Botschaft übermittelt: Alles Böse kann überwunden werden!

Typisches *Cotswold-Cottage* am Ortsausgang von Chipping Campden

Literaturverzeichnis

Quellen

Hinweis: Im laufenden Text ist jeweils das Erscheinungsjahr des Romans angegeben, um den zeitlichen Kontext im Blick zu behalten; im Literaturverzeichnis findet sich das Erscheinungsjahr der benutzten Ausgabe.

Ackroyd, Peter: Der Fall des Baumeisters, Reinbek 2017.

Allen, Jo: Death on Coffin Lane, London 2020.
Death by Dark Waters, London 2019.
Death at Eden's End, London 2019.

Allingham, Margery: Gefährliches Landleben, Zürich 1996.

Appiah, Anthony: Avenging Angel, New York 1991.

Austen-Leigh, Lois: The Incredible Crime, Neuauflage London 2017.

Barnard, Robert: Emilys Erbe, Augsburg 1998.

Beaton, M. C. (i. e. Marion Chesney): Agatha Raisin Mysteries Bd. 1ff, Köln 2013ff.

Beeding, Francis (i. e. Hilary St George Saunders & John Palmer): Death Walks in Eastrepps, Neuauflage London 2011.

Belloc Lowndes, Marie: Jack the Ripper, Zürich 1974.

Belsham, Alison: Der Tattoo Sammler, München 2020.

Benison, C. C. (i. e. Douglas Whiteway): Mord auf Schloss Sandringham, Köln 2021.

Berkeley, Anthony (i. e. Anthony Berkeley Cox): Death in the House, Looe 2001.

Brett, Simon: Mord stand nicht im Textbuch, Frankfurt 2016.
Komödianten lachen laut und sterben leise, Frankfurt 2016.

Bude, John (i. e. Ernest Carpenter Elmore): The Lake District Murder, London 2014.
Mord in Cornwall, Stuttgart 2020.

Bugler, Sheila: I Could Be You, London 2020.

Chatwin, Thomas (i. e. Claus Beiling): Post für den Mörder, Reinbek 2018.

Clark-Platts, Alice: Bitter Fruits, London 2015.

Cleeves, Ann: Totenblüte, Reinbek 2010.
Seelentod, Reinbek 2011.
Das letzte Wort, Reinbek 2012.
Ein dunkler Fleck, Reinbek 2014.
Die andere Tote, Hamburg 2019.

Coler, Hannah (i. e. Karina Urbach): Cambridge 5 – Zeit der Verräter, München 2017.

Cox, Helen: Murder by the Minster, London 2019.
Murder in the Moorland, London 2020.

Daniel, Glyn: The Cambridge Murders, Lexden-Colchester 2014.

Dexter, Colin: Tod für Don Juan, Reinbek 1992.
Das Rätsel der dritten Meile, Reinbek 1994.
Der letzte Bus nach Woodstock, Reinbek 1994.

Edwards, Martin: Tote schlafen nicht, Bergisch Gladbach 2007.
Die ohne Schuld sind, Bergisch Gladbach 2008.
Zu Staub und Asche, Bergisch Gladbach 2011.

Ellis, Bella (i. e. Rowan Coleman): Die verschwundene Braut, München 2020.

Ellis, John R.: The Royal Baths Murder, [Seattle] 2019.

Entwistle, Vaughn: The Angel of Highgate, London 2015.

Fielden, TP (i. e. Ch. Wilson): The Riviera Express, London 2017.

Fowler, Debbie: Felicity Paradise crime series ff, St. Agnes 2006ff.

Fraser, Antonia: Blaues Blut ist nicht alles, München 1994.

Galbraith, Robert (i. e. Rowling, J. K.): Der Ruf des Kuckucks, München 2014.
Der Seidenspinner, München 2016.
Die Ernte des Bösen, München 2017.
Weißer Tod, München 2020.

Graham, Caroline: Die Rätsel von Badger's Drift, München 1987.
Treu bis in den Tod, München 1997.

Greene, Graham: Brighton Rock, Berlin u. a. 1948.
Neuauflage: Am Abgrund des Lebens, München 2011.

Grimes, Martha: Inspector Jury küsst die Muse, Reinbek 1984.

Hanna, Edward B.: Sherlock Holmes. The Whitechapel Horrors, London 2010.

Hannah, Mari: Sein Zorn komme über uns, München 2011.
Ich will vergelten, München 2013.

Hare, Cyril: Mord made in England, Zürich 1993.
Tragödie im Gerichtssaal, Zürich 1995.

Hay, Mavis Doriel: Death on the Cherwell, London 2014.
The Santa Klaus Murder, London 2015.

Hill, Suzette A.: A Southwold Mystery, London 2015.
Shot in Southwold, London 2017.

Hunter, Alan: Gently by the Shore, London 1956.

Innes, Michael: Operation Pax, München 1992.
Zuviel Licht im Dunkel, Köln 1994.

James, P. D.: Der Beigeschmack des Todes, München 1984.
Wer sein Haus auf Sünden baut, München 1995.
Was gut und böse ist, München 2000.
Im Saal der Mörder, München 2004.
Ein reizender Job für eine Frau, Hamburg 2020.

James, Peter: Stirb ewig, Frankfurt/M. 2005.
Stirb schön, Frankfurt/M. 2006.
Du sollst nicht sterben, Frankfurt/M. 2011.
Mörderische Obsession, Frankfurt/M. 2015.

Macdonald, Marianne: Das Manuskript, München 2002.
Die letzte Strophe, München 2005.
Unsaubere Geschäfte, München 2008.

Mackintosh, Clare: Deine letzte Lüge, Köln 2019.

Marsh, Ngaio: Der Handschuh, München 1967.
Mord vor vollem Haus, München 1983.
Ein Schuss im Theater, Köln 2020.

Martin, Faith (i. e. Jacquie Walton): The Flowershow Murder, London 2019.
The Manor House Murder, London 2019.
The Vicarage Murder, London 2019.

Martínez, Guillermo: Der Fall Alice im Wunderland, Köln 2020.
Die Oxford-Morde, Köln 2020.

Masterman, J. C.: Das Oxford Komplott, Düsseldorf 1996.

Morris, Vera: Some Particular Evil, London 2016.
The Temptation, London 2018.
The Loophole, London 2019.
Du Maurier, Daphne: Rebecca, Berlin 2016.
Jamaica Inn, Berlin 2020.
Perry, Anne: Belgrave Square, Köln 1992.
Die Tote von Buckingham Palace, München 2008.
Tod am Eaton Square, München 2014.
Peterson, Mark: Flesh & Blood, Reinbek 2013.
Queen, Ellery: Sherlock Holmes und Jack the Ripper, Köln 1989.
Rhea, Nicholas: Constable on the Hill, Neuauflage London 2020.
Ross, LJ: The Shrine, o. O. 2020.
Rowlands, Betty: Murder at Hawthorn Cottage, London 1990/2018.
Murder in the Morning, 1991/2019.
Murder in a Country Garden, London 2004/2019.
Runcie, James: Sidney Chambers ermittelt ff, Hamburg 2016ff.
Sayers, Dorothy L.: Ärger im Bellona-Club, Reinbek 1995.
Aufruhr in Oxford, 3. Auflage Reinbek 2010.
Swartwout, Robert Egerton: The Boat Race Murder, London 1933.
Tope, Rebecca: Cotswold Mysteries ff, London 2008ff.
Lake District Mysteries ff, London 2012ff.
Trow, M. J.: Lestrade und Jack the Ripper, Reinbek 1994.
Truss, Lynn: A Shot in the Dark, London 2019.
Tully, James: Die Verbrechen der Charlotte Brontë und das Geheimnis von Haworth, München 2003.
Whitworth, James: Death's Disciple, London 2013.
Wilkinson, Ellen: The Division Bell Mystery, Neuauflage London 2018.
Wood, Trevor: The Man on the Street, London 2020.

Sekundärliteratur in Auswahl

Ackroyd, Peter: London. Die Biographie, München 2002.
Allingham, Margery: The Oaken Heart. The story of an English village at war, Neuauflage Pleshey 2011.
Auden, Wystan Hugh: Das verbrecherische Pfarrhaus. In: Viktor Žmegač (Hg.), Der wohltemperierte Mord, Frankfurt/M. 1971, S. 133–147.
Bartlett, Graham: Death comes knocking. Policing Roy Grace's Brighton, London 2016.
Becker, Jens-Peter: Sherlock Holmes & Co., München 1975.
Bentley, Phyllis: The Brontës and their World, London 1969.
Berg-Ehlers, Luise: Mit Miss Marple aufs Land, München 2013 / Berlin 2015.
Berg-Ehlers, Luise / Schreiber, Jutta: England und die Detektive, Berlin 2002.
Bird, Christopher: The World of Inspector Morse, London 1998.
Bradbury, Malcolm (Hg.): The Atlas of Literature, London 1996.
Bryson, Bill (Hg.): Icons of England, London 2010.

Carter, Ian: Ancient Cultures of Conceit: British University Fiction in the Post-War Years, London 1990.
Collison, Peter: Oxford. Town and Gown, Stroud 2011.
Cowley, Richard: A History of the British Police, Stroud 2011.
Daiches, David; John Flower: Literary Landscapes of the British Isles, London 1979.
Drayton, Joanne: Ngaio Marsh. Her Life in Crime, London 2008.
Eburne, Andrew; Richard Taylor: How to Read an English Garden, London 2007.
Edwards, Martin: The Golden Age of Murder, London 2016.
Edwards, Martin: The Story of Classic Crime in 100 Books, Scottsdale 2017.
Grant, Thomas: Court Number One: The Old Bailey Trials that Defined Modern Britain, London 2019.
Hasselhorst, Christa: Eden auf Erden. Oder die ewige Liebe zwischen Mensch und Garten, Wiesbaden 2020.
Hardyment, Christina: Writing Britain. Wastelands to Wonderlands, London 2012.
Haycraft, Howard: Murder for Pleasure. Repr. New York 2019.
Herbert, Rosemary: Whodunit? A Who's Who in Crime & Mystery Writing, Oxford 1999.
Jones, Julia: The Adventures of Margery Allingham, Pleshey 2009.
Du Maurier, Daphne: Enchanted Cornwall. My Pictorial Memoir, London 1992. Zauberhaftes Cornwall, Berlin 2014. (Originaltitel: Vanishing Cornwall)
Moretti, Franco: Atlas des europäischen Romans, Köln 1999.
Musgrave, Clifford: Life in Brighton, Neuauflage Stroud 2011.
Piatti, Barbara: Die Geographie der Literatur. Schauplätze, Handlungsräume, Raumphantasien, Göttingen 2008.
Porter, Lynnette (Hg.): Sherlock Holmes for the 21st Century, Jefferson 2012.
Priestley, J. B.: English Journey, (Neuauflage der Ausgabe von 1934) Ilkley 2012.
Priestman, Martin (Hg.): The Cambridge Companion to Crime Fiction, Cambridge 2003.
Reynolds, Barbara: Dorothy L. Sayers. Her Life and Soul, London 1998.
Sager, Peter: Oxford & Cambridge, Frankfurt/M. 2003.
Sebald, W. G.: Die Ringe des Saturn. Eine englische Wallfahrt, Frankfurt/M. 1995.
Suerbaum, Ulrich: Krimi. Eine Analyse der Gattung, Stuttgart 1984.
Tindall, Gillian: Countries of the Mind. The Meaning of Place to Writers, London 1991.
Vogt, Jochen (Hg.): Der Kriminalroman. Poetik, Theorie, Geschichte, München 1998.
Winn, Dilys (Hg.): Murder Ink: The Mystery Reader's Companion, Newton Abbot 1978.
Winn, Dilys (Hg.): Murderess Ink: The better Half of the Mystery, New York 1979.

Weavers
High
Tea
Choice of Sandwic
+
Scone Jam
& Cream
+
Pot of Tea
or Filter Coffee
£5-50

Danksagung

Für Rat und Unterstützung sei gedankt:
Rolf Ingo Behnke, Salzgitter;
RA Marcus W. Doll, Bochum;
Marius Hamer (Foto Hamer), Bochum;
Jutta Schreiber, Bochum;
Jasmine Simeone, Rushden, und der Dorothy L. Sayers Society;
Prof. Dr. Almut Suerbaum, Oxford.

Folgende Institutionen halfen:
National Trust, Swindon; British Library London, Universitätsbibliothek Bochum, Zeitungsforschungsinstitut Dortmund.

Ein besonderer Dank gilt all jenen, die mit der konkreten Arbeit an diesem Buch befasst waren und seine Entstehung unterstützten: Lothar Wekel für sein Interesse an diesem Projekt, für die Aufnahme des Buches in sein Verlagsprogramm und für viele gute und förderliche Gespräche; Karina Bertagnolli und Anja Carrà für die Kreation der endgültigen Gestalt des Buches, und Timo Suchomelli für ein intensives Lektorat.

Nächste Doppelseite
Landschaft in Yorkshire
nahe Haworth – mit Sturmhöhen

Übernächste Doppelseite
Am *Green* von *The Lee*, eine der besonders beliebten *locations* in »Inspector Barnaby«

Angebot eines *Tearooms* in Cockington

Bildunterschriften für folgende Seiten:
S. 2/3 London: Wohnblocks in Bloomsbury, 4/5 London: *Tower Bridge*, 6 Cambridge: *Trinity Lane*

Bildnachweise
Alle Fotos von Luise Berg-Ehlers außer S. 23 (mauritius images / Alamy / Jeff Gilbert), 120/121 (mauritius images / age fotostock / Funky-stock), 122 (mauritius images /Alamy / Roger Coulam), 141 (unsplash.com / kirsten drew), 148 (unsplash.com / alen karso)

CORSO 81
Luise Berg-Ehlers
Mörderisches England
Eine Reise zu den Schauplätzen literarischer Verbrechen
von Conan Doyle bis J. K. Rowling

1. Auflage im September 2021

Römerweg 10, D-65187 Wiesbaden

Covergestaltung: Karina Bertagnolli, Wiesbaden
Layout & Satz: Anja Carrà, Weimar
Lektorat: Timo Suchomelli, Wiesbaden
Gesetzt aus der Adobe Caslon Pro und der Special Elite
Gesamtherstellung: CPI books, Ulm

978-3-7374-0768-7

Mehr über Ideen, Autoren
und das Programm des Verlags finden Sie
auf www.verlagshausroemerweg.de
und in Ihrer Buchhandlung.